외규장각 의궤의 귀환
문화영웅 박병선

외규장각 의궤의 귀환
문화영웅 박병선

초판 1쇄 인쇄 | 2018년 8월 9일
초판 1쇄 발행 | 2018년 8월 16일

지은이 | 조은재
그린이 | 김윤정
펴낸이 | 박영욱
펴낸곳 | 북오션 스코프

편　집 | 허현자 · 하진수
마케팅 | 최석진
디자인 | 서정희 · 민영선

주　소 | 서울시 마포구 월드컵로 14길 62
이메일 | bookocean@naver.com
네이버포스트 | m.post.naver.com('북오션' 검색)
전　화 | 편집문의: 02-325-9172　영업문의: 02-322-6709
팩　스 | 02-3143-3964

출판신고번호 | 제313-2007-000197호

ISBN 978-89-6799-384-9 (73810)

*이 책은 북오션 스코프가 저작권자와의 계약에 따라 발행한 것이므로 내용의 일부 또는 전부를
　이용하려면 반드시 북오션 스코프의 서면 동의를 받아야 합니다.
*책값은 뒤표지에 있습니다.
*잘못 만들어진 책은 구입하신 서점에서 교환해 드립니다.

외규장각 의궤의 귀환
문화영웅 박병선

조은재 지음
김윤정 그림

scope

이야기를 시작하며

2011년 6월 11일, 조선왕조의 숨결이 흐르고 있는 경복궁 근정전 뜰에서 성대한 행사가 열렸습니다. 145년 만에 우리나라에 돌아오는 외규장각 의궤를 환영하는 행사였습니다. 이 날 행사에는 수많은 귀빈이 참석하였는데 그중 가장 주목을 받은 인물은 바로 박병선 박사였습니다.

여러분은 '외규장각 의궤'라는 말을 들어본 적이 있나요? 조선 왕실의 행사를 기록한 도서로 1866년 강화도를 침략한 프랑스 군대가 약탈해 갔다가 프랑스국립도서관 창고에서 145년간 잠자고 있었답니다. 바로 이 외규장각 의궤의 존재를 처음 알리고 우리나라로 다시 가져오기 위해 평생을 바치신 분이 박병선 박사입니다.

그렇다면 박병선 박사는 왜 외규장각 의궤 연구에 몰두했을까요? 바로 외규장각 의궤에 담겨 있는 우리 선조의 고귀한 정신을 되찾기 위해서였습니다. 외규장각 의궤가 고국의 품에 돌아오기까

지의 과정은 매우 험난했습니다. 박병선 박사는 어려울 때마다 앞장서서 우리 문화재의 소중함을 일깨워 주었습니다.

경복궁에서 외규장각 환영 행사가 진행되는 동안 박병선 박사는 여러 차례 눈물을 흘렸습니다. 그것은 소중한 우리 문화재를 되찾았다는 감격의 눈물이며, 축복의 눈물이었습니다.

해외에 나가 있는 우리 문화유산이 외규장각 의궤만 있는 것이 아닙니다. 10만 점이 넘는 자랑스러운 우리 문화유산이 세계를 떠돌고 있습니다. 여러분이 박병선 박사처럼 우리 문화를 사랑하고 자랑스러워한다면 세계 속에 퍼져 있는 우리 문화유산을 꼭 되찾아 올 수 있을 것입니다. 이 책을 통해 우리 민족의 찬란한 역사, 우리 문화재의 숭고한 의미를 다시 한 번 되새기기를 기원합니다.

조은재

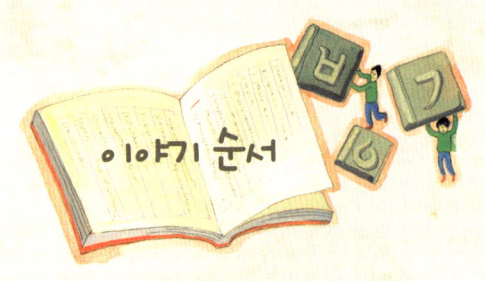

이야기 순서

이야기를 시작하며   4

첫 번째 이야기
더 넓은 세상을 꿈꾸는 소녀

고서 발굴로 세계 역사를 바꾼 문화 영웅 박병선   12
소녀의 별명은 꼬물꼬물 '책벌레'   14
프랑스 파리에서 배우고 싶어요   20
병마도 이겨 낸 소녀의 소망   24
특명! 약탈당한 우리 문화재를 찾아라   31

두 번째 이야기
직지심경을 발견하고 고증하다

프랑스에 온 최초의 한국 유학생　　36
프랑스국립도서관에 들어가다　　43
세계를 놀라게 할 책을 찾아내다　　49
《직지》가 금속활자 책인 이유를 찾아서　　55
세계 최초 금속활자 인쇄본임을 증명하다　　61
《직지》를 세상에 선보이다　　66
누가 알아주지 않아도!　　72
한국 문화재를 찾기 위해 다시 프랑스로　　77

세 번째 이야기
외규장각 의궤를 발견하다

외규장각 의궤는 어디에 있을까?　　82
드디어 만난 외규장각 의궤　　88
파란 책자에 묻혀 사는 여성　　94

되찾고 싶은 외규장각 의궤　　98

뼈를 깎는 10년간의 연구　　107

외규장각 의궤 반환 운동에 불을 지피다　　111

네 번째 이야기
마침내 고국의 품으로

지켜지지 않은 프랑스 대통령의 약속　　118

반환을 위한 외로운 싸움을 시작하다　　123

도서가 반환될 때까지 절대 쓰러질 수 없어　　127

145년 만의 귀환! 외규장각 의궤　　133

마지막까지 꿈꾸기를 멈추지 않은 박병선　　138

함께 알아보아요

유네스코 세계기록유산 《직지》   142

금속활자의 의미   143

구텐베르크의 금속활자 인쇄본 《42행 성서》   145

지난 1천 년간 인류에게 영향을 끼친 최대 사건   146

정조와 외규장각   147

외규장각을 강화도에 설치한 이유   148

책의 나라, 대한민국   149

의궤의 뜻   150

해외로 유출된 우리 문화재   151

첫 번째 이야기

더 넓은 세상을 꿈꾸는 소녀

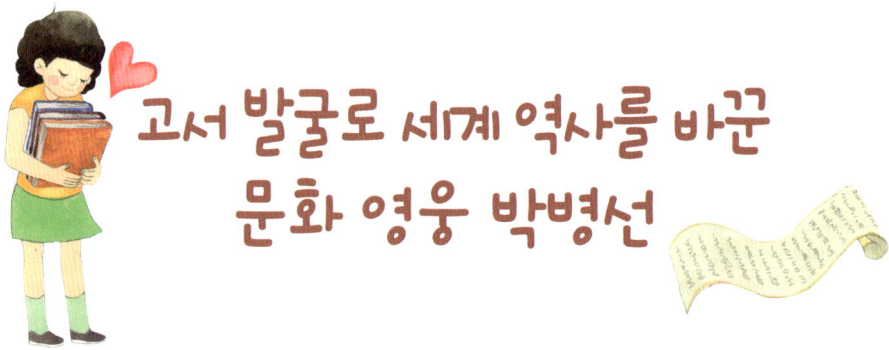

고서 발굴로 세계 역사를 바꾼 문화 영웅 박병선

    2011년 11월 초겨울비가 내리는 가을의 마지막 날, 국립서울현충원으로 여러 대의 차가 들어오고 있었습니다. 충혼당 앞에 정차한 차에서 유족으로 보이는 사람이 내렸고, 그의 손에는 태극보로 싸인 유해함이 들려 있었습니다.

    그 유해는 프랑스 파리에서 출발해 오후 3시경에 인천국제공항에 도착하여 국군의장대가 도열한 가운데, 입국장에 들어왔습니다. 유해는 유족의 품에 안긴 채로 곧바로 국립서울현충원 충혼당 국가사회공헌자 권역으로 향했습니다.

    유족 외에 문화·예술·종교계 인사 350여 명이 참석한 가운데 경건한 분위기 속에서 안장식이 열렸습니다. 역사학자 최광식 장관(당시 문화부장관)이 고인을 기리며 추도사를 낭송했습니다.

"당신은 이 나라 역사와 진실을 위해 83년의 인생 여정을 촛불처럼 태우셨다. 이곳은 당신이 노르망디 해변에 뿌려지면 바닷물에 실려 그토록 오고 싶어 했던 조국, 대한민국이다."

《직지심체요절》이 구텐베르크의 《42행 성서》보다 78년이나 앞서 금속활자로 인쇄된 책자라는 사실을 입증하고, '외규장각 의궤' 반환운동을 펼친 박병선 박사를 향한 추도사였습니다.

소녀의 별명은
꼬물꼬물 '책벌레'

　책방 안에서 머리를 곱게 빗은 한 여자아이가 다소곳이 서서 책을 고르고 있었습니다. 책을 고르는 아이의 눈망울은 새벽별처럼 반짝반짝 빛났습니다. 이제 겨우 열 살 정도밖에 안 되어 보였는데, 책을 다루는 태도가 여느 아이와 사뭇 달랐습니다. 책을 신주단지 모시듯 소중하게 다루는 모습이 인상적이었습니다.

　그 아이는 매일 늘 같은 시간대에 책방에 나타났습니다.

　"안녕? 또 왔구나."

　서가에서 책을 정리하던 주인 아저씨는 그 아이를 발견하고 곁으로 다가가 아는 체를 했습니다.

　"안녕하세요. 아저씨."

아이는 책을 고르다 말고 주인 아저씨에게 꾸벅 인사를 했습니다.

"오늘은 무슨 책을 사려고 왔니?"

"역사책을 사려고요."

"지난번에 사 간 책은 벌써 다 읽었니?"

그 아이가 일주일 전에 사 간 책은 《그리스 로마 신화》와 《걸리버 여행기》였습니다.

"네. 《그리스 로마 신화》는 아주 재미있었어요. 제우스와 그리스 신들 사이에서 벌어지는 이야기가 정말 흥미진진했어요."

"대단하구나. 그 책을 벌써 다 읽었다니. 허허."

주인 아저씨는 아이가 대견한 듯 빙그레 미소 지었습니다. 그리고 곰곰 생각하더니 책꽂이에서 그림이 있는 역사책을 꺼내 아이에게 내밀었습니다.

"이 역사책은 어떠니? 이 책은 중세 유럽의 역사와 문화를 한눈에 볼 수 있는 책이란다."

책을 넘겨보던 아이는 책 속에 빨려 들어갈 듯 집중했습니다. 책에는 뾰족한 지붕이 매혹적인 중세 유럽의 성당과 넓은 정원의 그림이 함께 실려 있었습니다. 그림으로 펼쳐진 이국적인 풍경이 아이의 눈을 사로잡았습니다.

"아저씨. 이 책을 살래요."

아이는 호주머니에서 꼬깃꼬깃 접혀 있는 돈을 꺼냈습니다. 아버지가 준 용돈을 꼬박꼬박 저축해서 모은 돈이었습니다. 주인 아저씨는 책을 좋아하는 그 아이가 기특하여 이름을 물었습니다.

"너처럼 책을 좋아하는 아이는 처음 봤구나. 네 이름이 뭐니?"

"병선이에요. 박병선."

"병선이? 허허, 앞으로 책과 좋은 인연을 맺을 것 같구나."

아이는 인사를 하고 종종걸음으로 책방을 나섰습니다. 책을 가슴에 꼭 안은 아이의 얼굴에는 행복한 미소가 가득했습니다.

병선은 유달리 책을 좋아하는 아이였습니다. 어떤 책이든 한 번 손에 잡으면 밤을 새워 읽었고, 책을 다 읽은 후에는 책의 내용을 잊지 않기 위해 반드시 독후감을 썼습니다.

그리스 로마 신화에서부터 세계 위인전, 세계 각국의 풍물과 문화를 담은 여행기와 역사책을 특히 좋아했습니다. 책 속에는 온갖 신비로운 세계가 가득 담겨 있었거든요.

책을 읽으면 거친 사막에 가지 않고도 아라비아인이 어떻게 살아가는지 알 수 있었고, 지구 반대편에 사는 사람들의 역사와 문화에 대해서도 알 수 있었습니다.

병선은 호기심이 많은 어린이였습니다. 책은 병선의 호기심을 가

득 채워 주었습니다. 그래서 병선의 작은 방에는 책이 아주 많았습니다. 책방에서 산 책도 있었고 고물상이나 헌책방에서 산 책도 있었습니다.

"이 많은 책을 어디에서 구했니? 나중에 커서 책방을 차려도 되겠다. 호호."

친구들은 유달리 책을 좋아하는 병선에게 '책벌레'라는 별명을 지어 주었어요.

'꼬물꼬물 글자 사이를 기어다니며 하루 종일 책을 보며 사는 책벌레가 되어도 재미있겠는데?'

병선은 책벌레라는 별명이 싫지 않았습니다.

병선은 실내에서 놀기보다는 들판에서 뛰놀기를 더 좋아했습니다. 봄에는 들판에 핀 작은 꽃을 구경하기도 하고, 여름에는 개울에서 물장구를 치고도 하고, 가을에는 들판에 누워 파란 하늘을 하염없이 바라보기도 하고, 겨울에는 눈사람을 만들거나 입을 벌려 눈을 맛보기도 했습니다.

역사책을 읽고 어김없이 들판에 놀러 나간 병선은 한바탕 뜀박질을 한 후 땅바닥에 털썩 앉았습니다. 하늘을 올려다보니 파란 하늘에 흰 구름이 조용히 흘러가고 있었습니다.

"저 구름은 뾰족하고 길쭉한 모양이 꼭 에펠탑 같다."

혼잣말을 내뱉고 또 조용히 생각에 잠겼습니다.

'이다음에 커서 어른이 되면 더 넓은 세상을 보고 싶어!'

병선에게 책은 미지의 세계로 모험을 떠날 수 있는 유일한 통로였으며, 새로운 세상을 알려주는 둘도 없는 벗이었습니다. 병선은 세계 역사와 풍물이 담긴 책을 읽으며 더 넓은 세상을 동경하게 되었고 언젠가는 그곳에 가리라고 소중한 꿈을 키워 나갔습니다.

유럽을 소개한 책을 볼 때면 그곳에 가 보고 싶은 생각 때문에 잠을 이루지 못한 적도 있었습니다. 유럽의 여러 국가 중에서도 특히 프랑스라는 나라에 가고 싶었습니다. 프랑스의 수도인 파리 한가운데 우뚝 서 있는 에펠탑, 전 세계의 문화재와 유물을 소유하고 있는 루브르박물관은 어린 병선에게 동경의 대상이었습니다.

어린 소녀의 꿈은 그렇게 영글어 갔습니다.

 # 프랑스 파리에서 배우고 싶어요

　박병선은 1923년 3월 25일 서울의 부유한 집안에서 3남 2녀 중 셋째로 태어났습니다. 그때는 우리나라가 일본에게 국권을 빼앗겨 많은 사람이 고통을 받던 때였습니다. 나라를 되찾기 위해 독립운동가들이 만주와 중국 상해 등 여러 지역에서 독립운동을 활발하게 벌이던 때도 바로 이 무렵이었습니다.

　병선의 아버지와 큰오빠는 서울에서 사업을 하면서 중국에서 활동하는 독립운동가들에게 비밀리에 자금을 대주었습니다. 일본 경찰들의 눈을 피해 몰래 독립 자금을 지원하느라 아버지는 자주 집을 비웠습니다. 어린 병선은 그런 아버지를 지켜보면서 나라를 되찾는 것이 얼마나 어려운 일인지 알게 되었죠.

병선은 외할아버지와 가깝게 지냈습니다. 외할아버지는 어린 병선을 무릎에 앉혀 놓고 늘 이렇게 말했습니다.

"우리나라의 역사를 잘 알아야 한다. 우리 역사를 모르면 큰 인물이 될 수 없단다."

외할아버지는 어린 병선에게 역사 이야기를 자주 해 주었습니다. 우리나라의 시조인 단군 이야기, 강감찬 장군과 이순신 장군이 외적을 물리친 이야기, 세종대왕이 한글을 창제한 이야기도 해 주었습니다.

병선은 그런 외할아버지의 이야기를 들으면서 우리나라 역사에 대해 조금씩 눈뜨기 시작했습니다. 병선이 어렸을 때부터 유독 역사책을 좋아했던 것도 이런 외할아버지의 영향이 적지 않았습니다.

그러나 일본에게 국권을 강탈당한 시대였기 때문에 우리나라 역사를 학교에서 배울 수는 없었습니다. 일본은 우리 역사 대신에 일본 역사를 가르쳤고, 우리의 한글 대신 일본의 문자를 가르쳤습니다.

"우리나라는 반드시 독립을 할 거다. 그때가 오면 잃어버린 우리나라의 역사를 찾을 수 있으니 지금부터 역사 공부를 게을리해서는 안 된다."

병선은 외할아버지의 말씀을 가슴 깊이 새겨들으면서 우리나라가 어서 빨리 일본으로부터 해방되기를 기다렸습니다.

병선은 서울에 있는 경기여고에 입학하였습니다. 병선이 고등학교에 들어간 지 얼마 되지 않아 우리나라는 해방을 맞이했습니다. 35년 동안이나 이어진 일제 강점기에서 벗어나 국권을 되찾은 자주국가가 된 것입니다. 모든 국민들이 거리로 뛰쳐나와 '대한독립만세'를 외치면서 해방의 기쁨을 나누었습니다.

병선의 가슴도 기대감에 벅차올랐습니다. 이제 비로소 일본사람 눈치 보지 않고 우리 역사를 마음껏 배우는 시대가 열렸기 때문입니다. 병선은 외할아버지의 말씀대로 잃어버린 우리 역사를 공부하기 위해 역사책을 읽고 또 읽었습니다.

그러던 어느 날, 선생님이 병선에게 다가와 장래 희망이 무엇인지 물었습니다.

"저는 에펠탑과 루브르박물관이 있는 프랑스 파리에 유학 가고 싶어요."

병선은 선생님의 질문에 망설임 없이 또렷하게 대답했습니다. 어렸을 때부터 늘 가고 싶었던 곳이 프랑스 파리였습니다.

"파리에 가서 무얼 하고 싶은데?"

선생님은 다소 의외란 듯이 고개를 갸웃거리며 물었습니다.

"프랑스 파리에서 교육에 대하여 배운 후 고국에 돌아와 유치원이든 고등학교이든 사립학교를 제대로 꾸려 보고 싶어요."

이제 갓 해방을 맞이한 우리나라는 그때만 해도 교육 여건이 좋지 않았습니다. 1950년대 우리나라 교육은 이제 첫걸음을 시작하는 단계였습니다. 대학교는 물론이고 고등학교에 입학하는 것도 어려운 상황이었습니다.

반면 프랑스 파리에는 훌륭한 사립학교가 많았습니다. 병선은 프랑스 파리에서 교육을 제대로 받고와서 우리나라 교육의 앞날을 위해 헌신하는 교육 행정가가 되고 싶었습니다. 그런 꿈이 있었기에 병선은 경기여고를 졸업하고 교사를 육성하는 서울대학교 사범대학에 입학했습니다.

병마도 이겨 낸 소녀의 소망

　꿈을 향해 힘차게 생활하던 병선에게 예상치 못한 병마가 찾아왔습니다. 대학 재학 중 한국전쟁이 일어났고, 부산에 피난해 있던 시기에 결핵성 뇌막염에 걸린 것입니다. 갑자기 열이 나고 몸이 덜덜 떨려서 며칠 동안 이부자리에 누워 있어야 했습니다. 얼굴은 백짓장처럼 핏기가 없고 몸은 점점 야위어 갔습니다.
　"의사 선생님, 우리 아이가 언제쯤 자리에서 일어날 수 있죠?"
　병선의 부모님이 걱정하며 의사에게 물었습니다.
　"너무 염려 말아요. 곧 완쾌될 수 있을 테니……."
　의사는 차분한 목소리로 병선의 부모님을 다독거렸습니다. 병선이 들을까 봐 금방 병이 나을 것처럼 말했으나, 사실은 그렇지 않았습니다. 병선은 결핵성 뇌막염이라는 아주 무서운 병을 앓고 있었습니다. 척추에 뾰족한 주사바늘을 꽂고 매일 약을 투입해야 하는 고통스러운 병이었습니다.

"어머니, 아버지, 걱정하지 마세요. 제가 죽을 리가 없잖아요. 하고 싶은 일이 얼마나 많은데요. 얼른 훌훌 털고 일어날게요."

병선은 파리한 얼굴을 하고서도 의연하게 부모님의 걱정을 덜어 드리려고 했습니다.

의사는 젊은 학생이 자리에 누워 있는 것이 안타까웠습니다. 더욱 가슴이 아픈 사실은 뇌막염이 쉽게 치유되는 병이 아니라는 점이었습니다. 의사는 차분하게 부모님을 위로하는 병선에게 차마 그런 사실을 말해 줄 수 없었습니다.

병선이 병원과 집을 오가며 치료를 받은 지 한 달이 지났습니다. 병세는 나아지기는커녕 오히려 악화되는 듯 했습니다. 화단에는 여러 송이의 봄꽃이 활짝 피어 있었지만, 병선은 꼼짝하지 못하고 방 안에 누워 있어야 했습니다.

"약을 거르지 말고 먹어야 해요. 그럼 내일 또 올 테니 안정을 취하도록 하세요."

"알겠습니다. 의사 선생님."

병선의 방에서 나오는 의사의 얼굴은 굳어 있었습니다. 그때 문 앞에 있던 아버지가 의사 곁으로 다가갔습니다.

"우리 병선이는 어떻게 되는 겁니까?"

아버지가 침울한 표정으로 물었습니다. 아버지는 이미 병선이 중병을 앓고 있다는 것을 눈치채고 있었습니다.

"저 역시 최선을 다하고 있지만……. 앞으로 6개월을 넘기지 못할 것 같습니다."

의사는 더 이상 가망이 없다는 듯 고개를 흔들었습니다.

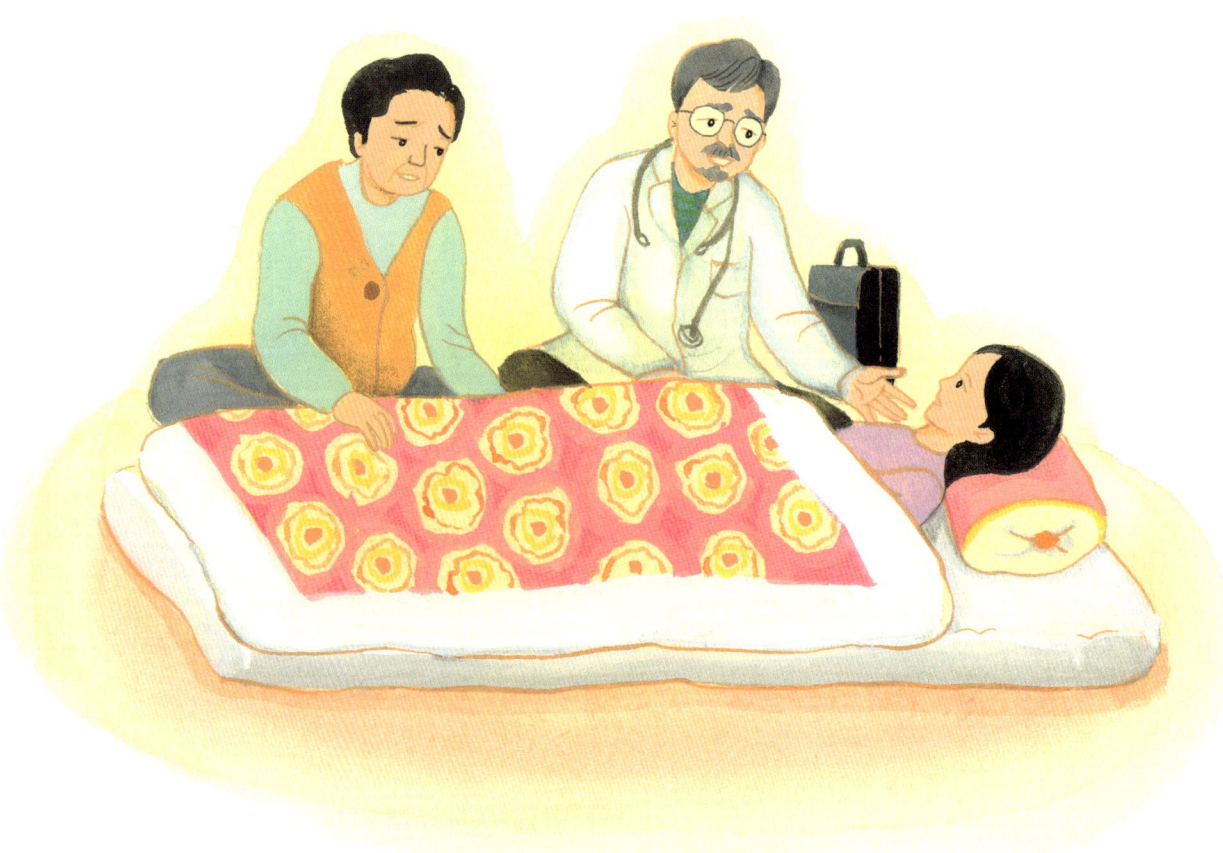

"네? 그럼 병선이가……."

아버지의 두 눈이 휘둥그레졌습니다.

"마음의 준비를 해야 할 것 같습니다."

의사는 그렇게 말하고 병선의 집을 나섰습니다. 병선의 방 문 앞에 홀로 남은 아버지의 눈에서 굵은 눈물이 주르르 흘러내렸습니다. 사랑하는 딸이 앞으로 6개월밖에 살지 못한다니, 하늘이 무너지는 것 같았습니다.

아버지는 지푸라기라도 잡고 싶은 심정으로 여러 의사에게 병선의 병세를 보여주었지만, 그들은 하나같이 병선의 병세가 매우 위독하다고만 하였습니다.

"아버지……."

그때 방 안에서 아버지를 부르는 목소리가 들려왔습니다. 아버지는 재빨리 눈물을 훔치고 병선의 방에 들어갔습니다.

"의사 선생님이 뭐라고 하세요?"

"큰 병은 아니란다. 의사 선생님 말씀대로 치료를 잘 받으면 곧 나을 거야."

아버지는 누워 있는 병선의 손을 꼭 잡았습니다. 병선은 아무말 없이 마주잡은 손을 살짝 쥐며 아버지를 위로했습니다.

그리고 밝은 표정으로 창밖의 개나리를 가리키며 말했습니다.

"아버지, 저기 보세요. 창밖에 노란 개나리가 피었어요."

"그래, 개나리가 참 곱게 피었구나."

병선의 야윈 얼굴을 보자 가슴이 더욱 아팠습니다.

아버지는 병선의 방에서 나와 안방으로 들어갔습니다. 안방에서는 병선의 어머니가 무릎을 꿇은 채 두 손을 모으고 간절한 목소리로 기도를 올리고 있었습니다.

"하느님, 우리 사랑하는 딸아이를 구해 주세요."

병선의 부모님은 어떻게 해서든지 병선을 살리고 싶었습니다. 아직 병선을 저 하늘로 보낼 수는 없었습니다. 부모님은 병선이 자리에 누워 있는 동안 하루도 빠짐없이 기도를 올렸습니다. 의사가 병을 고칠 수 없다고 진단해도 결코 희망을 버리지 않았습니다.

그런데 여름이 올 무렵, 기적 같은 일이 벌어졌습니다. 하느님이 부모님의 간절한 기도에 대답한 것일까요? 가망이 없다던 병선이 자리에서 일어났습니다.

"오, 이럴 수가!"

병선도 놀랐고, 부모님도 놀랐고, 의사도 놀랐습니다. 그것은 기적이란 말로밖에 설명할 수 없는 일이었습니다.

병선은 자리에 누워 있는 동안 많은 생각을 했습니다. 건강이 얼마나 소중한지, 부모님이 자신을 얼마나 사랑하고 있는지 새삼 깨달았습니다. 병이 나아 자리에서 일어설 수만 있다면, 어딜 가든 무엇을 하든 하루하루 감사하며 최선을 다하리라 소망했습니다.

'하느님이 나를 살려주신 것은 앞으로 큰일을 하라는 뜻일지도 몰라.'

어느새 세월이 흘러 병선이 대학교를 졸업할 때가 되었습니다. 이제 가슴속에 묻어 두었던 꿈을 활짝 펼칠 시기가 온 것입니다.

"아버지, 프랑스로 유학 가고 싶어요."

대학 졸업을 앞둔 병선은 아버지에게 말했습니다.

"프랑스?"

아버지의 두 눈이 휘둥그레졌습니다. 지금은 미국이나 프랑스, 독일 등에 유학 가는 학생이 많지만, 그 당시만 해도 유학은 상상하기 힘든 시절이었습니다.

"프랑스 파리에서 제 꿈을 이루고 싶어요."

아버지는 선뜻 허락을 하지 않았습니다. 몸도 약한 딸이 타지에서 고생할 것이 뻔했기 때문입니다. 게다가 아버지는 여자가 홀로 외국에 가는 것은 매우 위험한 일이라고 생각했습니다.

"우리나라에서도 네 꿈을 펼칠 수 있지 않니? 프랑스에서 네가 고생할 것을 생각하면 마음이 놓이지 않는구나."

"전 오래전부터 마음의 준비를 하고 있었어요. 이제 저도 다 컸으니 제가 소망하던 꿈을 펼치고 싶어요."

"프랑스에 아는 사람도 없는데, 너 혼자 어떻게 하려고 그러니?"

"아버지, 전 할 수 있어요. 제가 죽을병에서 기적적으로 살아난 것도 제 꿈을 이루라는 하느님의 계시가 아닐까요?"

아버지는 병선의 두 눈을 바라보았습니다. 병선의 두 눈은 꿈을 이루고 싶다는 의지로 빛나고 있었습니다.

'자식을 이기는 부모는 없다고 하더니……'

아버지는 병선의 뜻을 꺾을 수 없었습니다. 의사도 포기했던 병에서 기적처럼 살아난 딸의 부탁을 차마 거절할 수 없었기 때문입니다.

"알았다. 네 뜻이 정 그렇다면 할 수 없지. 허나 프랑스 생활이 힘들면 언제든지 집으로 돌아오너라."

아버지의 허락이 떨어지고 병선은 며칠 동안 잠을 이루지 못했습니다. 드디어 프랑스 파리에 간다는 생각에 설레어서이기도 했지만 한편으로는 과연 그곳에서 유학 생활을 잘할 수 있을지 걱정도 들었기 때문입니다. 하지만 병선은 마음을 다잡았습니다.

'난 할 수 있어. 결코 부모님의 기대를 저버리지 않을 거야.'

특명! 약탈당한 우리 문화재를 찾아라

파리로 갈 날짜가 서서히 다가오고 있었습니다. 대학을 졸업한 병선은 차분하게 고국을 떠날 준비를 했습니다. 그동안 자신을 보살펴 준 의사도 만나고 고등학교 선생님도 만났습니다. 책벌레라는 별명을 지어 준 어렸을 때의 친구들도 만나 즐거운 시간을 보냈습니다.

병선은 프랑스 유학길에 오르기 전에 대학 은사인 이병도 교수를 찾아갔습니다. 이병도 교수는 우리나라 역사를 체계적으로 정리한 저명한 역사학자입니다. 병선은 대학에 다닐 때 이병도 교수의 역사 과목을 아주 좋아했습니다.

"어서 오게나. 하하."

이병도 교수는 아끼는 제자 병선을 따뜻하게 맞이해 주었습니다.

"교수님, 다음 주에 저는 프랑스 파리로 유학을 떠납니다. 고국을 떠나기 전에 교수님께 인사를 드리러 찾아왔어요."

"소식은 들었네. 그렇지 않아도 직접 만나 부탁하고 싶은 말이 있었어."

"예, 말씀하세요."

"자네가 프랑스에 가서 꼭 해야 할 일이 있네."

"제가요?"

"병인양요 때 프랑스 군인이 우리 문화재를 약탈해 간 사실을 알고 있나?"

"병인양요라면 1866년에 프랑스 함대가 강화도에 침범한 사건이죠?"

"그래, 그때 프랑스군이 약탈해 간 문화재 중에 외규장각 의궤가 있었어."

"외규장각 의궤……."

"외규장각 의궤가 프랑스에 있을 것이라고 짐작만 할 뿐 어디에 있는지는 아무도 모른다네. 자네가 프랑스에서 의궤를 꼭 찾아 주면 좋겠어."

은사의 갑작스러운 말에 병선은 잠시 생각에 잠겼습니다. 이병도 교수는 그런 병선을 바라보며 비장한 목소리로 말했습니다.

"자네는 우리나라의 역사학자야. 꼭 의궤를 되찾아 오길 바라네."

"알겠습니다. 교수님."

"그동안 우리나라는 선조들의 얼이 담겨 있는 문화재를 너무 소홀히 대했던 게 사실이야. 자네도 잘 알겠지만, 지금까지 수많은 우리 문화재가 해외로 유출되었어. 그 숫자가 너무도 많아 헤아릴 수 없을 정도이지."

병선은 고개를 끄덕였습니다. 일본에 국권을 빼앗긴 35년 동안만 해도 수많은 우리 문화재가 일본으로 넘어갔습니다. 대부분 일본인이 약탈하거나 도굴해 간 것입니다.

"지금이라도 이런 소중한 문화재를 찾아야 할 텐데……."

"교수님의 말씀 명심하겠습니다."

"잘 다녀오게. 자네 같은 젊은이가 유럽의 선진 문화를 배워오는 것은 나라에도 큰 도움이 될 거야."

우리 역사와 문화재에 관심이 많았던 병선은 이병도 교수의 간곡한 부탁을 가슴 깊이 새겼습니다. 박병선과 외규장각 의궤의 운명은 이렇게 시작되었습니다. 훗날 외규장각 의궤는 병선의 운명을 바꾸어 놓게 됩니다.

두 번째 이야기

직지심경을 발견하고 고증하다

프랑스에 온 최초의 한국 유학생

1955년 8월 병선은 김포 비행장에서 군용기를 타고 일본 도쿄로 향했습니다. 도쿄에서 에어 프랑스로 갈아타고 베트남의 사이공과 베이루트 등을 거쳐 파리 외곽 오를리 공항에 도착했습니다. 그렇게 서울을 떠난 지 꼭 사흘 만에 파리 땅을 밟았습니다.

'드디어 파리에 도착했어! 꿈에 그리던 파리에 왔어!'

파리의 하늘은 눈이 부실 정도로 푸르렀습니다. 새털구름이 푸른 하늘에 가득 퍼지고 따사로운 햇빛이 도심 거리를 비추었습니다.

병선은 어린 시절부터 동경하던 파리에 온 것이 믿기지 않았습니다. 파리는 예술과 낭만의 도시라고 합니다. 중세 유럽의 매혹적인 풍경을 지니고 있는 역사의 도시이자 젊은 예술가들의 영혼이 살아

숨 쉬는 곳이죠.

세계 각국에서 젊은 예술가들이 부와 명예를 꿈꾸며 파리로 몰려들었습니다. 우리가 잘 알고 있는 스페인 화가 피카소, 이탈리아 화가 모딜리아니, 네덜란드 화가 고흐도 파리에 머물면서 젊은 날의 영혼을 불태웠죠.

또한 파리는 유서 깊은 역사의 도시이기도 합니다. 나폴레옹 1세가 승리를 기념하기 위하여 1806년에 세운 에투알 개선문, 세계에서 가장 많은 역사 유물을 소장하고 있는 루브르박물관이 있는 곳입니다. 루브르박물관은 〈밀로의 비너스〉, 〈사모트라케의 니케〉, 레오나르도 다빈치의 〈모나리자〉를 소장하고 있습니다. 4천 년 전의 인류 문명을 한눈에 살펴볼 수 있는 이집트 유물은 물론 그리스 로마의 유물도 이곳에서 볼 수 있습니다.

병선은 파리에 도착한 후 며칠 동안 파리 시내를 둘러보았습니다. 파리의 낭만이 흐르는 듯한 센강을 따라 거닐기도 하고, 예술가의 혼이 담겨 있는 듯한 몽마르트 언덕에도 가 보았습니다. 어렸을 때 그림책에서나 보았던 도시를 걷고 있으려니 꿈만 같았습니다. 혹시 신기루가 아닐까 싶어 살짝 만져 볼 정도였습니다.

파리에서 병선은 프랑스 수녀들이 운영하는 학생 기숙사에 묵었습니다.

"한국에서 온 유학생은 당신이 처음입니다. 첫 인연이니 기숙사 비용을 무료로 해줄게요."

프랑스 수녀가 좋은 의도로 제안한 것은 이해했지만, 병선은 이유 없이 신세 지는 것이 싫었습니다.

"호의는 감사합니다. 하지만 저는 공짜로 기숙사 생활을 하는 것은 싫습니다. 무엇이든 기숙사에 도움이 되는 일을 하겠습니다."

"알았어요. 자기 주장이 강한 학생이로군요."

프랑스 수녀는 병선의 반듯한 자세에 놀랐습니다. 다른 학생들은 공짜로 기숙사에 머무르게 되었다며 마냥 기뻐했을 텐데, 병선은 기숙사 비용에 해당하는 일을 하려고 했기 때문이었습니다.

병선에게 주어진 일은 기숙사 수위실에서 밤늦게까지 전화를 받으며 문지기 노릇을 하는 것이었습니다. 그리고 남학생들이 여자 기숙사에 올라가지 못하도록 막는 사감 일도 함께 맡았습니다.

파리에서의 유학 생활은 예상대로 쉽지 않았습니다. 서양과 동양의 문화가 달랐기 때문에 사소한 일에도 일일이 신경을 써야 했습니다. 무엇보다 언어가 통하지 않아 학업 진도를 따라가기가 어려웠습니다.

병선은 이를 극복하기 위해 오직 공부에만 전념했습니다. 모르는 단어가 나오면 사전을 찾아서 익혔고, 프랑스 친구의 노트를 빌려 밤새도록 공부했습니다. 병선은 하루 종일 강의실, 도서관, 기숙사를 벗어나지 않고 학업에만 몰두했습니다.

병선이 다니고 있는 소르본 대학에는 동양인이 거의 없었습니다. 학생들은 동양에서 온 병선을 신기한 듯 쳐다봤습니다. 병선은 프랑스 파리에 유학 온 최초의 한국 여성이었고, 프랑스 학생들은 한국이라는 나라에 대해 잘 알지 못했습니다.

"너희 나라에는 세계에 내세울 수 있는 문화재와 유물로 무엇이 있니?"

소르본 대학 학생들이 가장 많이 하는 질문이 바로 한국의 역사와 문화에 관한 것이었습니다. 프랑스인은 역사와 문화의 중요성을 알고 있고, 자국의 문화와 역사에 대단한 자부심을 가지고 있습니다. 그래서인지 자신의 나라는 물론 다른 나라의 역사와 문화에 대해서도 깊은 관심을 보였습니다.

"나의 고국인 한국은 반만년의 유구한 역사를 가지고 있는 나라야. 우리 민족은 그 기나긴 세월 동안 여러 번 외침을 받았으나 이에 굴하지 않고 꿋꿋하게 나라를 지켰지. 그리고 한국 고유 글자인 '한글'을 사용하고 있고, 고려청자와 팔만대장경 등 세계가 놀랄 만한 문화재를 보유하고 있어."

병선은 그들의 질문을 받을 때마다 정성껏 한국을 소개했습니다.

"정말 너희 나라에도 문자가 있니?"

"물론이지. 백성들이 쉽게 글을 깨우칠 수 있도록 15세기 조선 시대 세종대왕이 창제했어. 한글은 누구나 쉽게 배울 수 있는 한국 고유의 문자야."

전 세계적으로 사용되는 언어는 영어, 프랑스어부터 아프리카 원주민 등의 언어까지 포함해 약 2천여 개가 있습니다. 그러나 문자는 불과 20여 개에 불과합니다. 아시아의 작은 나라인 한국에 고유의 문자가 있다는 것은 세계적으로 인정받을 만한 일이죠.

"고려청자는 무엇이니?"

"고려청자는 한국의 중세 시대인 고려 시대에 만든 도자기로, 11세기에 처음 만들어졌어. 고려청자는 천년이 흘러도 변치 않는 푸른빛의 색감을 지니고 있는 천하의 명품 도자기야."

고려 시대의 도자기는 중국에 이어 세계에서 두 번째로 만들어졌습니다. 유럽에서는 도자기로 나라의 문화 수준을 따지기도 합니다.

"와! 11세기에 도자기를 만들었다니……. 정말 놀라운 일이구나. 우리는 한국이라는 나라가 그렇게 문화가 뛰어난 줄 몰랐어."

프랑스 친구들은 한국에도 세계에 내세울 수 있는 문화재가 많다는 이야기를 듣고는 무척 놀라워했습니다. 병선은 그들에게 한글이나 고려청자 이외에도 한국의 우수한 문화재에 대해서 상세하게 들려주었습니다.

'프랑스 사람들은 한국에 대해 너무 모르고 있구나.'

병선은 프랑스 친구들과 사귀면서 우리나라에 대해 다시 생각했습니다. 유럽에서 한국이라는 나라는 '아주 못사는 나라' 혹은 '이제 막 전쟁이 끝난 작은 나라' 정도로만 알려져 있었습니다. 그 당시는 한국전쟁이 끝난 지 얼마 되지 않았을 때라서 유럽 국가들은 한국의 참모습을 알지 못했습니다. 같은 아시아 국가인 중국과 일본에 대해서는 알아도 한국에 대해서는 몰랐습니다.

병선은 한국을 좀 더 잘 알려야겠다고 생각했습니다. 그래서 프랑스인을 만날 때마다 한국의 역사와 문화에 대해 열변을 토했습니다. 그러다 보니 우리나라 역사에 더욱 애착을 갖게 되었고, 한국에 있을 때보다 더 깊은 공부를 하게 됐습니다. 문화적으로나 역사적으로 콧대가 높은 프랑스 사람에게 한국이 얼마나 유구한 역사를 가진 나라인지 꼭 알려주고 싶었기 때문입니다. 한국의 우수한 역사를 유럽의 여러 나라에 제대로 알려야겠다는 생각을 마음속에 품게 되었습니다.

프랑스국립도서관에 들어가다

소르본 대학 재학 시절, 병선의 유일한 즐거움은 프랑스국립도서관에서 책을 읽는 것이었습니다. 평소에도 늘 책을 가까이 하던 병선은 프랑스국립도서관을 제집처럼 드나들었습니다.

프랑스국립도서관은 1480년 루이 11세가 창설한 왕실도서관으로, 세계에서 가장 오래된 도서관 중 하나입니다. 오리엔트 문명(아시아 서남쪽과 아프리카 북쪽에서 발달한 고대문명)을 엿볼 수 있는 희귀 도서를 수백 권 소장하고 있을 뿐만 아니라 세계 각국 언어로 된 수십만 권의 책을 보유하고 있으며 시설도 아주 훌륭했습니다.

'우리나라에도 이런 훌륭한 도서관이 있으면 얼마나 좋을까?'

병선은 프랑스국립도서관에 올 때마다 양질의 책으로 빼곡한 시설이 좋으면서도 부러웠습니다. 도서관에서 유독 병선이 좋아하는 공간이 있었습니다. 동양 문명, 서양 문명, 이슬람 문명, 그리스 로마 문명에 관한 책들이 모두 모여 있는 공간이었습니다. 마치 인류 문명의 모든 발자취를 옮겨놓은 것처럼 신비한 곳이었죠. 병선은 하루도 빠짐없이 도서관에 들러 세계 역사와 민속학에 관한 책을 읽었습니다.

그러던 어느 날이었습니다. 도서관에서 책을 읽는 병선 앞으로 키가 큰 프랑스 남자가 다가왔습니다.
"잠깐 이야기를 나눌 수 있을까요?"
"누구시죠?"
병선이 깜짝 놀라 물었습니다.
"저는 이 도서관의 동양학 책임자입니다. 드릴 말씀이 있으니 잠시 시간을 내주기 바랍니다."
남자의 정중한 부탁에 병선은 자리를 정리하고 일어섰습니다.
"그럼, 이리로 오십시오."
남자는 병선을 데리고 열람실을 나와 도서관 내에 있는 자신의 사무실로 데려갔습니다. 정식으로 자신을 소개한 남자는 자리에 앉으며 물었습니다.

"당신은 혹시 유학생입니까?"

"예, 한국에서 온 유학생입니다. 현재 소르본 대학에서 역사학을 공부하고 있습니다."

"마침 잘됐군요."

남자는 흡족한 미소를 지으며 답했습니다. 그리고 영문을 몰라 긴장한 병선에게 놀라운 말을 전했습니다.

"우리 도서관에서 일해 보지 않겠습니까?"

프랑스국립도서관에서 일하는 것은 프랑스인에게 있어서도 매우 의미있고 영광된 일입니다. 프랑스인은 프랑스국립도서관장을 '문화 대통령'이라 부르며 존경할 만큼 도서관을 사랑하고 자랑스럽게 여깁니다. 도서관을 오가며 보는 사서를 보아도 모두 자부심이 대단해 보였습니다. 그런데 그곳에서 일할 수 있는 기회가 온 것입니다.

"우리 도서관은 동양의 오래된 책을 많이 소장하고 있습니다. 언어권별로 동양 고서들을 분류하고 정리해 줄 수 있는 사람이 필요합니다."

도서관 담당자의 이야기로는 1972년 '세계 도서의 해'에 맞춰 동양 서적 전시를 계획하고 있는데, 프랑스인 사서로서는 알 수 없는 글자가 적힌 동양 고서가 한데 뒤섞여 있어서 곤란한 상태라는 겁니다.

너무 뜻밖의 제안이라 잠시 굳어 있던 병선에게 담당자가 물었습니다.

"혹시 생각할 시간이 필요합니까?"

"아니에요. 저도 프랑스국립도서관에서 일하는 것은 매우 뜻깊은 일이라고 생각해요."

"잘됐군요. 그동안 저는 도서관에 매일 찾아오는 당신을 유심히 지켜보았습니다. 당신이 읽는 책을 보니 세계 역사에 관심이 많은 것 같습니다."

"네. 역사는 제가 가장 좋아하는 분야예요."

"어쨌든 제 제안에 흔쾌히 응해주셔서 감사합니다. 앞으로 다른 도서관 사서와도 잘 지내기를 바랄게요."

"저 역시 힘이 닿는 데까지 열심히 일하겠습니다."

비록 임시직으로 일하는 것이기는 했지만 근무 조건도 좋은 편이었습니다. 학비에 보탤 수 있는 돈도 생기고, 무엇보다 좋아하는 책과 더 가까운 거리에서 지낼 수 있다는 점이 좋았습니다.

그리고 제안을 들었을 때 병선의 머릿속에는 고국을 떠나오기 전, 은사 이병도 교수가 한 부탁이 떠올랐습니다. 동양 고서 속에 어쩌면 한국 자료가 있을지도 모른다는 생각이 들었습니다. 그렇게 한국 고서의 흔적을 따라가 보면 외규장각을 만나게 될지도 모릅니다. 집으로 돌아가는 병선의 발걸음이 경쾌했습니다.

1967년, 프랑스국립도서관 동양고서원 연구원 일이 시작되었습니다. 사서들과도 금세 친해졌습니다. 병선이 맡은 일은 동양학과 관련된 고서를 정리하는 일이었습니다. 그러나 서고를 가득 채운 동양 고서 중에 우리나라 책은 잘 보이지 않았습니다. 대부분이 중국 책과 일본 책이었습니다.

그래도 동양학 고서를 정리하는 일을 하는 동안 병선의 마음은 어쩐지 차분해졌습니다. 고서와 한발 가까워졌으니 머지않아 외규장각을 만날 수 있을 것 같았습니다.

'혹시 이 책이 아닐까?'

늘 기대를 품고 한 권 한 권의 책을 꼼꼼히 들여다보며 정리했습니다. 하지만 시간이 흘러 본격적인 전시회 준비가 시작되었는데도 의궤는 나타나지 않았습니다.

'어쩌면 동양학 고서원이 아닌 다른 건물에 있을지도 몰라!'

병선은 프랑스국립도서관의 다른 자료실에 들러서 찾아보았습니다. 하지만 건물 내 자료실 위치를 꿸 정도로 찾았지만 소용이 없었습니다.

'프랑스국립도서관이 아니라 다른 곳에 있을지도 몰라!'

병선은 고서적이 있는 프랑스 기관에 전부 들러 소장 목록을 살폈습니다. 하지만 외규장각 의궤의 흔적은 찾을 수 없었습니다.

'어디에 있을까? 스승님의 부탁이 아니더라도 우리 문화재를 꼭 찾고 싶은데…….'

지친 발걸음으로 집으로 향하는 병선의 어깨는 축 처져 있었습니다. 그래도 다음 날 아침이 밝으면 힘을 내서 외규장각을 찾았습니다. 고국을 떠난 지 12년이 지났지만 병선의 마음속에 우리 문화재에 대한 애정은 식지 않았습니다.

세계를 놀라게 할 책을 찾아내다

병선은 그날도 서고에서 동양의 오래된 책들을 뒤지고 있었습니다. 'COREEN'으로 분류된 도서의 한쪽 구석에 꽂혀 있던 책의 제목을 훑던 병선은 깜짝 놀랐습니다.

'直指(직지)'라는 한자가 눈에 들어왔기 때문입니다. 책 속에는 낯익은 지명과 글자가 눈에 띄었습니다. 바로 우리나라 고려 시대에 만들어진 책이었던 것입니다.

'프랑스국립도서관에 고려 시대에 만들어진 책이 있다니……'

어쩐지 예사로운 책이 아닌 듯한 느낌이 들었습니다. 병선은 이 고서에 적혀 있는 내용을 차분하게 해독하기 시작했습니다. 이 책의 정식 명칭은 《백운화상초록불조직지심체요절》이었습니다. 이 책의

긴 이름을 줄여서 《직지》라고 합니다. 《직지》는 고려 시대의 백운 스님이 부처님과 인도, 중국, 한국의 역대 고승이 남긴 말씀 중 선을 수행하는 데 필요한 내용을 요약한 책입니다.

책의 맨 마지막 부분에는 신광 7년 7월에 충청북도 청주 흥덕사에서 주자(鑄字)로 간행되었다고 적혀 있었습니다. 신광 7년이면 고려 우왕 3년이고 서기로 1377년입니다.

"주자라면……, 금속활자?!"

병선은 자신도 모르게 소리 내어 외쳤습니다. 그때까지 전 세계인은 독일의 구텐베르크가 세계 최초로 금속활자를 만든 것으로 알고 있었습니다.

1455년, 독일의 구텐베르크는 금속활자를 만들어 구텐베르크 《42행 성서》라는 성경책을 다량으로 인쇄했습니다. 그 시기에는 사람들이 직접 손과 펜으로 글을 썼던 때라 금속활자의 발명은 매우 획기적인 사건이었습니다. 구텐베르크는 지금도 독일인이 가장 존경하는 역사 인물 중 한 사람입니다.

'만약 이 문장이 사실이라면 구텐베르크의 성경책보다 무려 78년이나 앞선 금속활자 인쇄본인 거잖아?'

병선은 떨리는 눈으로 책을 다시 살펴보았습니다. 그리고 책을 들고 도서관 사서 과장에게로 향했습니다.

"이 책은 아주 특별한 책입니다. 연구가 필요합니다."

"한국 책이군요. 이유가 뭐죠?"

"우리가 몰랐던 사실이 담겨 있는 책입니다."

"무슨 말이죠?"

"저는 이 책이 세계 최초 금속활자 인쇄본인 것 같습니다. 1377년에 금속활자로 인쇄한 책이라고 적혀 있어요."

사서 과장은 병선의 말에 크게 놀란 듯했습니다.

'서고 구석에 있던 저 고서가 그렇게 대단한 책이란 말이야?'

아무래도 믿지 않는 듯한 눈초리로 병선을 바라보며 물었습니다.

"당신의 말대로 이 책이 금속활자 인쇄본이라면 정말 놀라운 일이군요. 그런데 확실한가요? 어떻게 한국이라는 작은 나라에서 금속활자로 책을 찍을 수 있죠?"

병선은 사서 과장의 말에 기분이 상했습니다. 서양에는 아직 고려 시대 사람들이 얼마나 뛰어나고 정교한 기술이 있었는지 알려지지 않았습니다. 고려인은 해인사가 소장하고 있는 팔만대장경뿐 아니라 고려청자를 제작한 민족입니다. 게다가 세계 미술사에서도 가치를 인정받은 고려불화를 제작한 민족이기도 하고요.

"책에 적힌 연도가 정말 사실일까요? 증명할 수 있겠습니까?"

하고 싶은 말이 너무 많아서 입만 벙긋대던 병선에게 사서 과장이

날카로운 말투로 질문했습니다. 병선은 손에 든 《직지》를 내려다보았습니다.

'어쩐지 책이 내게 말을 걸고 있는 것 같아. 증명해 달라고, 나를 믿어 달라고 말이야.'

병선은 결심한 듯 고개를 들고 사서 과장을 바라보며 말했습니다.

"예. 증명해 보겠습니다."

사서 과장의 사무실을 나온 병선의 눈은 결의로 빛났습니다.

'《직지》가 금속활자 인쇄본이라는 것을 밝혀야 해. 진실을 세계에 널리 알려야 해. 1377년 한국 땅에서 세계 최초로 금속활자로 책을 찍었다는 사실을 증명해야 해.'

결심은 섰지만 정해진 증명 방법이 없어서 답답하고 막막했습니다. 물어볼 사람도, 도와줄 사람도 없는 상황이 서글펐습니다.

"그래도 해보자. 새로운 역사를 고증하는 일이잖아? 누군가는 해야 할 일이야. 그리고 내 조국을 위한 일이니까……."

우선 병선은 제일 먼저 드는 의문부터 접근하기로 했습니다.

'그런데 《직지》가 어떻게 프랑스국립도서관에 있는 것일까?'

병선은 이 책을 어떻게 프랑스국립도서관이 소장하고 있는지 의아한 생각이 들었습니다. 그래서 《직지》가 어떤 과정을 거쳐 이곳에 오게 되었는지 추적해 갔습니다.

도서관에 소장된 대부분의 고서에는 책을 처음 입수하게 된 나라의 명칭과 입수한 자의 이름, 그리고 책을 구입한 과정이 모두 적혀 있습니다. 그러나 《직지》는 어떻게 도서관까지 오게 된 것인지 전혀 나와 있지 않았습니다.

'이상한 일이네. 《직지》는 왜 구입한 과정이 나와 있지 않는 걸까?'

병선은 프랑스국립도서관에서 보관하고 있는 한국학 관련 자료를 샅샅이 뒤졌습니다. 고려 시대와 조선 시대 등 옛날 자료도 면밀히 검토했습니다.

그렇게 며칠 동안 도서관에서 살다시피 하면서 한국학 관련 자료를 찾은 결과, 드디어 《직지》가 적혀 있는 책을 찾아냈습니다. 그것은 조선 시대 서울에 머물러 있던 프랑스 공사가 쓴 《조선서지》라는 책이었습니다.

조선 시대 말기 고종 임금 때 플랑시라는 주한 프랑스 대리공사가 서울에서 근무하고 있었습니다. 그는 5년 가까이 서울에 머물면서 한국의 고서와 골동품을 수집했습니다. 플랑시는 서울에서 근무가 끝나고 프랑스로 돌아가면서 한국에서 모은 고서들을 함께 가지고 갔습니다. 그는 자신이 한국에서 수집한 고서 목록을 만들었는데, 그 목록 속에 《직지》가 포함되어 있었던 것입니다. 그 후 《직지》는 골동품 수집가인 앙리베베르에게 넘어갔으며, 그의 유언에 따라 1950년에 프랑스국립도서관에 기증되어 지금에 이른 것입니다. 《조선서지》는 플랑시와 함께 조선에서 통역관으로 근무한 모리스 쿠랑이 1901년에 지은 책으로 《직지》의 가치를 가장 먼저 알아본 기록으로도 유명합니다.

공식적인 기록에서 《직지》의 흔적을 찾아낸 병선은 뛸 듯이 기뻤습니다. 《직지》의 금속활자 고증에 한발 다가선 기분이었습니다.

《직지》가 금속활자 책인 이유를 찾아서

　금속활자의 발명은 인류 역사에서 대단히 획기적인 사건입니다. 금속활자가 발명되기 전까지 책은 아주 희귀한 물건이었습니다. 특히 서양에서는 책을 만들 때 양피지를 썼는데 책 한 권 만드는 데에 엄청난 시간과 돈이 들어갔습니다. 그래서 책은 군주들 혹은 수도원에서나 소유할 수 있는 매우 귀중한 것이었습니다. 이처럼 책이 드물었기 때문에 문화가 널리 퍼지지 못했습니다.

　그러나 금속활자의 발명으로 책을 비교적 쉽게 만들 수 있게 되자, 인류의 문화는 비약적으로 발전하게 되었습니다. 책은 인쇄되자마자 각 지역으로 전달될 수 있으니, 새로운 지식이나 기술이 나오면 금방 전 인류가 공유할 수 있었습니다. 유럽 역사에서 매우 큰 사건이었던 종교혁명을 우리가 금세 알 수 있었던 것도 금속활자로 인쇄한 책 덕분이었습니다. 이렇듯 금속활자의 발명은 인류사에서 대단한 위상을 차지하고 있습니다.

《직지》의 내용을 해석하던 병선은 한 단어에 주목했습니다. 그것은 바로 '주조'라는 단어였습니다. 주조는 '금속으로 틀을 만들어서 책을 새기다'라는 의미입니다. 말 그대로 '금속활자'인 것입니다.

《직지》가 만들어진 고려 시대에는 대부분의 책이 목판활자로 인쇄되었습니다. 목판활자는 나무에 글자를 새겨서 종이를 찍어 내는 방식입니다. 금속활자는 목판활자보다 더욱 정교하고 특수하게 제작된 활자입니다.

'고려 시대에는 어떤 종이에 인쇄했을까?'

의문을 깊이 파고들어 연구한 결과, 《직지》의 종이가 고려 시대때 만든 '상화지'라는 것을 밝혀냈습니다. 상화지는 부드러우면서질기고 은은한 광택이 나는 것이 특징입니다. 고려 시대의 종이 제작 기술은 당대 최고로, 중국에서도 최고급으로 평가받았습니다. 당시 송나라 귀족들이 가장 받고 싶어 하던 선물 중 하나가 고려의 종이일 정도로 말입니다.

그러나 책에 나온 내용이나 종이를 밝히는 정도로는 《직지》가 금속활자 인쇄본이라는 사실을 증명하는 근거로는 부족했습니다. 우리나라의 금속활자 인쇄술에 대한 연구는 처음부터 어려움에 부딪혔습니다. 프랑스에는 중국과 일본에 대한 인쇄술 관련 책자는 있었지만, 한국 인쇄술과 관련된 책자는 없었기 때문입니다.

'어떻게 하면 이 책이 금속활자로 찍어 낸 책임을 밝힐 수 있을까?'

병선은 매일 고민했습니다. 고국에 있는 학자와 교수에게 한국 인쇄술과 관련된 책을 요청하는 편지를 십여 통 보냈습니다. 인쇄술과 관련된 자료가 있으면, 《직지》가 금속활자로 만든 책이라는 것을 좀 더 쉽게 증명할 수 있기 때문입니다. 그러나 이에 대한 답신을 전혀 받지 못했습니다.

그러던 어느 날, 어떤 교수님이 며칠 동안 찾아봤지만 그런 책은 없다는 답장을 주었습니다. 결국 한국에도 우리나라 인쇄술에 관한 자료가 없다는 것이었습니다. 한국 금속활자와 관련된 책은 프랑스에 소개되지 않았고 금속활자를 연구하는 학자도 없었습니다.

그래도 병선은 포기하지 않았습니다. 이번에는 프랑스국립도서관 안에 있는 중국과 일본 인쇄술 관련 자료를 찾아보았습니다. 중국과 일본은 같은 한자를 사용하는 나라이기 때문에 그 책들은 《직지》를 연구하는 데 많은 도움이 되었습니다. 병선은 인쇄술과 관련된 책을 연구하면서 누구의 도움도 받지 않고 금속활자와 목판활자의 차이점을 깨우쳤습니다.

처음 병선이 시도한 것은 고무지우개로 활자를 만들어 잉크를 묻힌 뒤 종이에 찍는 일이었습니다. 그렇게 찍은 것을 《직지》에 새겨진 글자와 비교했고, 《직지》에 적혀 있는 한자를 그대로 새겨서 같은 실험을 반복했습니다. 고무지우개에 이어 감자와 굳힌 진흙에 활자를 새겨 종이에 찍었습니다. 그러나 병선이 원하는 정교한 글씨체는 좀처럼 나오지 않았습니다.

'오븐에 넣어 실험을 하면 어떨까?'

이번에는 흙으로 활자를 만들어 부엌에서 사용하는 오븐에 자기를 굽듯이 구워 보기로 했습니다. 활자 몇 개를 흙으로 만들어서 굽기를 반복했더니 갑자기 오븐이 터지면서 '꽝' 하는 소리와 함께 불길이 치솟아 올랐습니다.

오븐 속에 있는 점토(진흙)가 뜨거운 온도를 견디지 못하고 그만 폭발한 것입니다. 부엌 유리창은 산산조각이 나고 갑작스러운 폭발소리에 이웃 주민들이 놀란 표정을 지으며 병선의 집으로 들어왔습니다.

"무슨 일입니까?"

혼비백산한 집주인이 병선에게 다그치듯 물었습니다. 병선의 집

안은 깨진 유리 조각이 여기저기 흩어져 있었으며, 오븐에서는 검은 연기가 새어 나오고 있었습니다.

부엌에 쭈그리고 앉아 있는 병선의 얼굴은 검게 그을려 있었습니다.

"당신이 무슨 일을 하는지 모르지만 앞으로 조심하세요. 이웃집에 불이 번지면 어떡하려고 그럽니까?"

집주인은 놀란 가슴을 쓸어내리며 병선에게 주의를 주었습니다.

"죄송합니다."

병선은 머리를 조아리며 사과했습니다. 사람들이 모두 돌아가자 다리에 힘이 풀려 그 자리에 털썩 주저앉았습니다. 다행히 불길은 부엌에 있는 주방 기구만을 태우고 곧바로 진화되었습니다. 자칫하면 화재로 집이 모두 불타 버릴 뻔했던 것입니다.

'아아, 내 능력으로는 안 되는 것인가!'

병선은 길게 한숨을 내쉬었습니다.

세계 최초 금속활자 인쇄본임을 증명하다

《직지》에 매달려 온갖 노력을 기울인 지 5년이 흘렀습니다. 지난 5년은 너무도 힘들고 고되었습니다. 병선은 거의 매일 밤을 새우다시피 하면서 연구에 전념했습니다. 밤에 잠을 자지 않으니 어느 날은 출근하다 만난 동료에게 어젯밤에 울었냐는 말을 들은 적도 있었습니다. 충혈된 눈을 진정시키고자 안약을 매일같이 눈에 넣어야 했습니다. 병선의 외로운 연구를 알아주는 사람은 아무도 없었습니다. 병선 혼자의 힘으로 8백 년 전 고려 시대 사람들이 만들었던 금속활자의 비밀을 푸는 것은 매우 어려운 일이었습니다.

그러나 이대로 포기할 수는 없었습니다. 어떻게 해서든지 《직지》가 금속활자로 찍은 책이라는 것을 증명해 보이고 싶었습니다. 활자를 만드느라 고생은 고생대로 하고 실마리는 잡히지 않아 머리를 쥐어짜며 고민하던 순간, 문득 아이디어가 떠올랐습니다.

'아! 내가 왜 그 생각을 못했을까?'

병선은 미친 듯이 인쇄소로 달려갔습니다. 인쇄소에 가면 예전 금속으로 만든 활자들이 있다는 것을 생각해 낸 겁니다.

인쇄소에 부탁한 금속활자를 가지고 직접 잉크를 묻혀 찍어 보면서 《직지》에 찍힌 글자를 확대한 것과 병선이 찍은 활자를 비교하였습니다.

그러기를 며칠, 인쇄소에서 가져온 납 활자로 찍은 글자와 《직지》에 찍힌 글자의 모양이 똑같은 것을 발견했습니다. 처음에는 잘못 본 것인가 싶어 두 눈을 의심했습니다. 그러나 납 활자로 찍은 글자는 목판활자로 찍은 글자와는 확연히 달랐습니다.

병선은 목판활자 인쇄본과 금속활자 인쇄본임을 밝혀야 하는 《직지》를 차분히 비교해 보았습니다.

목판활자는 나무에 글자를 새기므로 동일한 글자라도 모양이 달랐습니다. 그런데 《직지》는 동일한 글자끼리 모양이 같고 가지런하였습니다. 또 다른 장에 나오는 글자의 모양도 같았습니다.

목판활자 인쇄본은 행과 열이 대체로 일정하였는데 《직지》는 행과 열이 비뚤었고 그중에는 옆으로 비스듬하게 기울어진 글자도 있었습니다.

　목판활자 인쇄본은 먹색이 짙고, 《직지》는 먹의 짙고 옅음의 차이가 심했습니다.

　병선은 목판활자로 찍은 글자와 인쇄소에서 가져온 납 활자로 찍은 글자를 현미경으로 살펴보았습니다. 목판활자로 찍은 글자는 주위에 먹물이 번져 있었고, 납 활자로 찍은 글자는 먹물에 반점이 보였습니다.

　병선은 두 차례 더 납 활자를 종이에 찍었습니다. 그것은 《직지》에 새겨진 활자체와 똑같았습니다.

　"이것은 틀림없는 금속활자야. 드디어 밝혀냈어!"

　병선은 납 활자로 찍은 종이를 바라보며 가슴이 벅차오르는 흥분을 느꼈습니다. 지난 5년 동안의 노력이 헛되지 않았기 때문입니다.

　그러나 납 활자를 만든 것으로 모든 것이 끝난 것은 아니었습니다. 《직지》가 금속활자로 만든 책이라고 증명한 사실을 여러 사람에게 알리는 일이 남았습니다.

　"이제 프랑스국립도서관 관계자에게 《직지》가 금속활자로 만든 책이라는 것을 증명해야 해."

　병선은 몇 개 더 실험용 납 활자를 만든 후 프랑스국립도서관 관계자들을 만났습니다.

도서관 강당에는 긴장감이 흘렀습니다. 이 자리에는 프랑스국립도서관장은 물론 동양학 책임자, 금속활자를 연구한 프랑스 학자 등이 병선의 실험 결과를 지켜보았습니다. 병선은 그들이 지켜보는 가운데 차분하게 말했습니다.

"저는 그동안 한국의 고서인《직지》가 금속활자 책이라는 것을 주장해 왔습니다. 오늘 이 자리에서 그 실험 결과를 증명해 보이겠습니다."

병선은 자신이 직접 만든 납 활자에 잉크를 묻혀 종이에 찍어 보였습니다.

"제가 만든 이 납 활자로 찍은 문자의 모양을 보면《직지》에 찍혀 있는 문자의 모양과 똑같다는 것을 알 수 있습니다."

병선은 납 활자로 찍은 종이와《직지》를 대조해 보였습니다. 그것은 누가 보아도 똑같은 활자로 찍은 것임을 알 수 있었습니다.

"이게 어떻게 된 일이오? 정말 그 책에 새겨진 글자와 똑같지 않소."

두 개의 글자를 본 도서관장의 두 눈이 휘둥그레졌습니다.

"이 활자는 목판활자와는 다릅니다. 목판활자로 찍은 글자는 모양이 조금씩 변하지만, 금속활자는 있는 그대로의 모습으로 종이에 찍혀 나옵니다."

병선은 5년 동안 심혈을 기울였던 실험 과정을 그들에게 직접 보여 주었습니다. 강당에 참석한 사람들은 숨 죽인 채 병선의 실험 결과를 지켜보았습니다. 마침내 병선의 설명이 끝나자, 여기저기서 탄성 소리가 새어 나왔습니다.

"이것은 획기적인 사건이야. 구텐베르크보다 무려 78년이 앞선 금속활자 책이 있었어!"

"금속활자의 역사가 바뀌는 순간이야!"

"세계 최초의 금속활자는 한국에서 만들어졌어."

사람들은 믿을 수 없다는 표정을 지으면서 병선의 연구 결과에 찬사를 보냈습니다. 병선은 동양의 작은 나라, 한국에 이처럼 위대한 인쇄술이 있다는 것을 사람들 앞에 증명해 보인 사실이 무엇보다도 기뻤습니다.

《직지》를 세상에 선보이다

유네스코(UNESCO)는 1972년을 '세계 도서의 해'로 선포하였습니다. 유네스코가 위치하고 있는 프랑스 파리의 각 기관에서는 '세계 도서의 해'를 기념하기 위해 다양한 행사를 기획했습니다. 프랑스국립도서관에서도 세계 각국의 책을 전시하는 'BOOKS'라는 전시회를 준비하고 있었습니다.

병선은 '세계 도서의 해'의 준비 상황을 지켜보면서 흥분을 감추지 못했습니다. 오래전부터 이 날이 오기만을 기다려 왔기 때문입니다.

'이번 '세계 도서의 해' 전시회에 《직지》를 출품하자! 그래서 전 세계에 《직지》가 한국에서 만든 세계 최초의 금속활자 책임을 널리

알리는 거야.'

전시회 날이 다가오면서 세계 각국의 희귀한 책들이 파리에 속속 도착했습니다. 양피지로 만든 고대 유럽의 책, 종이를 최초로 발명한 중국의 고대 서적 등 각종 책들이 모습을 드러냈습니다. 병선은 전시회가 열리는 날을 앞두고 프랑스국립도서관장을 찾아갔습니다.

"관장님께 드릴 말씀이 있습니다."

병선은 도서관장 앞에 다소곳이 앉으면서 말했습니다.

"말씀해 보세요."

"이번 '세계 도서의 해' 전시회에 한국관도 열린다는 소식을 들었습니다."

"맞습니다. 동양에서는 중국관, 일본관 그리고 한국관이 열릴 겁니다."

"한국관에《직지》를 전시했으면 합니다."

"《직지》? 금속활자로 찍은 한국의 고서 말입니까?"

"그렇습니다. 이번 전시회에는 세계 각국의 학자들과 기자들이 많이 몰려올 것입니다. 이들에게《직지》를 선보이게 되면 '세계 도서의 해'의 의미가 더욱 각별해질 것입니다. 전 세계인이 구텐베르크보다 더 오래 전에 만든 금속활자 인쇄본을 볼 수 있으니까요."

도서관장은 병선의 말을 듣고 얼굴이 굳어졌습니다.

"당신이 찾아낸 《직지》는 대단한 일이라고 생각해요. 세계인이 주목하는 도서 전시회에서 세계 최초의 금속활자 책을 발표하는 것은 도서관의 명예로 돌아갈 거예요. 다만 이것이 사실이 아니라면 도서관 측은 당신 개인의 실책으로 모든 것을 돌릴 겁니다. 그 결과에 대해 책임질 수 있겠습니까?"

"네, 그렇게 하겠습니다. 관장님."

병선은 프랑스국립도서관장의 허락을 얻어 《직지》를 '1377년에 금속으로 만든 활자본'이라는 타이틀을 달아 전시회에 출품하기로 했습니다. 이번 전시회는 《직지》의 존재를 전 세계에 알릴 수 있는 좋은 기회였기 때문에 개인적인 손해가 생기더라도 꼭 출품해야 했습니다.

'세계 도서의 해' 전시회는 세계인의 주목을 받았습니다. 이번 전시회를 취재하기 위해 세계 각국의 기자는 물론 유명 학자들이 파리로 몰려들었습니다. 나라별로 전시 영역이 나누어져 있었는데 한국관은 전시장 한쪽에 마련되어 있었습니다.

유리 전시관에 처음 모습을 드러낸 책은 단 한 권이었지만 세계인의 관심을 끌기에 조금도 부족하지 않았습니다. 그것은 바로 한국의 고서인 《직지》였습니다. 세계인을 놀라게 할 것이라는 병선의 예상은 조금도 틀리지 않았습니다.

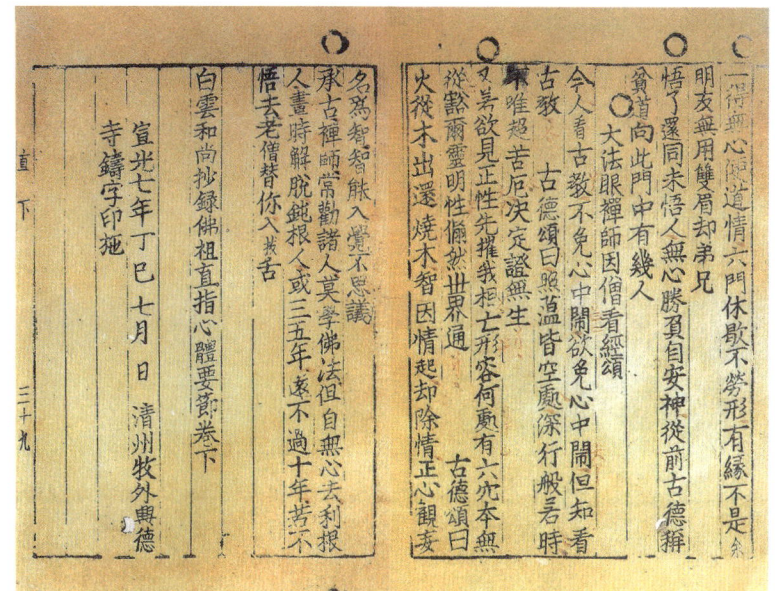
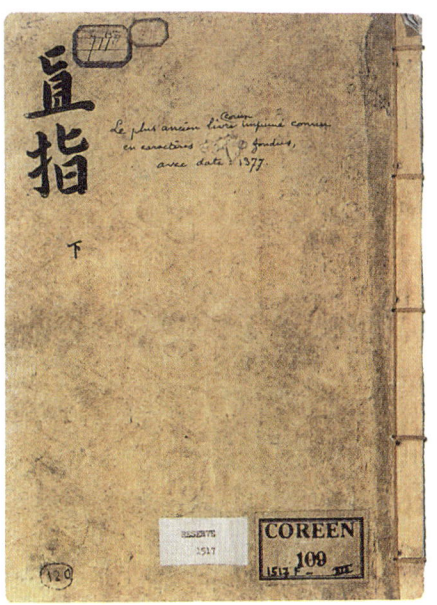

ⓒ 국립중앙박물관 공공누리

"저 책이 정말 세계에서 가장 오래된 금속활자로 찍은 책인가?"

취재 기자들과 인쇄 학자들이 유리관 속에서 처음 모습을 드러낸 진귀한 서적 앞으로 몰려들었습니다.

"그렇습니다. 이 책이 세계에서 가장 오래된 금속활자로 찍은 책입니다."

병선은 대답했습니다.

"세계에서 가장 오래된 금속활자는 독일의 구텐베르크가 만든 성경책으로 알려져 있는데 그것을 뒤집을 만한 정확한 근거가 있는 겁니까?"

취재 기자가 거세게 항의하듯이 물었습니다.

병선은 《직지》가 어떻게 해서 금속활자 책이라고 확신할 수 있는지를 다시 한 번 또박또박 정확하게 설명했습니다.

"이 책의 정확한 이름은 무엇이며, 어느 나라에서 만든 책입니까?"

"이 책의 이름은 《직지》이며 한국에서 만든 책입니다."

"한국이요?"

취재 기자는 이 사실이 믿어지지 않는 듯 연신 고개를 흔들었습니다. 그도 그럴 것이 1970년대 한국은 개발도상국으로, 세계에서 그리 주목받지 못한 나라였기 때문입니다.

"그렇습니다. 이 책이 만들어진 정확한 연도는 1377년입니다."

"놀라운 일이군요. 한국이라는 나라의 역사가 그렇게 대단한 줄 몰랐습니다. 금속활자를 만들었다는 것은 그들의 역사와 문화가 매우 뛰어나다는 증명이 아닙니까? 대체 한국이라는 나라는 어떤 역사를 갖고 있습니까?"

"한국은 반만년의 유구한 역사와 고유의 문화를 가지고 있는 나라입니다. 한글이라는 독창적이고 배우기 쉬운 문자를 가지고 있으며, 중국 다음으로 도자기를 만든 나라입니다. 인도의 시인 타고르는 한국을 가리켜 '동방의 등불'이라고 칭송했죠."

병선은 전시회장에서 사람들에게 《직지》를 알리고 소개하는 과정이 너무 즐거웠습니다. 그들이 한국의 문화에 감탄하며 오가는 대화를 들으면서 올라가는 입꼬리를 주체할 수 없었습니다. 5년 넘게 《직지》를 붙들고 밤을 지새웠던 노력이 드디어 결실을 맺게 되었기 때문입니다. 처음 파리에 도착했을 때부터 품었던, 한국의 역사를 세계에 알리고 싶다는 바람이 드디어 이루어진 것입니다.

전시회가 한창 진행되는 동안, 이 깜짝 놀랄 만한 뉴스가 전 세계에 전해졌습니다. 세계 유수의 통신사와 신문 그리고 방송사가 《직지》의 존재를 앞다퉈 알린 것입니다.

'1377년 한국에서 세계 최초의 금속활자를 만들었다!'

'인류 문명의 역사를 바꾼 위대하고 획기적인 사건!'

'세계 최초의 금속활자는 독일이 아니라 한국이었다!'

《직지》의 존재는 방송과 신문에 보도되어 전 세계로 퍼졌습니다. 전 세계 사람들은 동방의 작은 나라에서 이처럼 위대한 문화재를 어떻게 만들 수 있었는지 놀라움을 금치 못했습니다. 이 책의 발견으로 세계인에게 있어 대한민국이라는 나라의 위상이 달라졌습니다. 실로 대단한 쾌거였습니다.

누가
알아주지 않아도!

 구텐베르크의 《42행 성서》가 가장 오래된 금속활자 인쇄본이라고 생각했는데 동양의 한국이라는 나라에서 78년이나 먼저 금속활자 인쇄본이 나왔다는 사실을 서양 국가의 관계자들은 쉽게 믿으려 하지 않았습니다. 병선은 그들에게 근거를 설명하며 이해시키는 데 시간과 노력을 쏟아야 했습니다.

 '그래도 내 나라 사람들은 분명 이 소식을 나처럼 기뻐할 거야!'

 그렇게 그동안의 노력을 스스로 격려하던 병선에게 한국 학자의 편지가 도착했습니다.

 "서지학도 배운 적이 없는 사람이 왜 서지학에 손을 대는 겁니까? 그런 고증 방식은 한국 서지학자들도 못했습니다. 어떻게 믿을 수 있겠습니까? 한국 학자들이 다시 판단해서 진짜 맞으면 우리가 고증한 것으로 합시다."

노고를 치하하기는커녕 항의에 가까운 편지 내용에 병선은 화가 났습니다. 마치 고국이 내 노력을 인정해 주지 않는 듯해서 이루 말할 수 없이 서운했습니다.

《직지》영인본(원본을 사진 촬영해, 그것을 원판으로 하여 과학적 방법으로 복제한 책)을 내기 위해 한국에 갔을 때, 병선은 한국 서지학자들에게 자신이 고증한 사진을 보여 주면서 고증 과정을 발표했습니다. 그런데 그들은 자신들의 영역을 침범했다고 받아들였는지 병선에게 화를 냈습니다. 그리고 영인본 서문에 다음과 같이 실었습니다.

"프랑스국립도서관에서 근무하고 있는 박병선이 가지고 온 사진을 한국의 서지학자들이 고증해 본 결과, 이것을 금속활자라고 인정했다."

마치 연구는 한국 서지학자들이 하고 병선은 심부름꾼인 것처럼 표현했습니다. 병선은 곧바로 수정을 요청했습니다.

"너무합니다. 제가 5년을 바쳐 연구한 것입니다. 서문 내용에서 한마디만 고쳐주세요. '한국의 서지학자들이 고증해 본 결과, 이것은 금속활자라고 인정했다.'가 아니라 '한국의 서지학자들도 금속활자라고 인정했다.'라고요."

한국 서지학자들은 병선의 말을 무시하고 그대로 발표했습니다. 아직도 그 서문이 그대로 남아 있습니다.

억울한 마음을 다독이며 일상으로 돌아간 병선을 프랑스국립도서관 사서 과장이 사무실로 불렀습니다. 프랑스국립도서관에 도착한 《직지》 영인본의 서문을 보고 화가 나서 부른 것이었습니다.

"당신이 고생해서 우리 도서관에서 발표를 하고 인정을 받은 것인데 어째서 한국 학자들은 자신들이 한 것처럼 적은 것입니까? 당장 고소하겠습니다."

도서관 사서 과장은 한국 학자들의 어이없는 태도에 단단히 화가 나서 당장이라도 법적 절차에 들어갈 듯 보였습니다.

병선은 문득 서고 구석에서 《직지》를 처음 발견하던 순간이 떠올랐습니다. 뭔가 예사롭지 않은 책으로 보였고, 어쩐지 자신에게 말을 거는 듯했었죠.

'그래, 누가 알아주길 바라며 《직지》 연구를 한 게 아니잖아? 처음 다짐을 잊지 말자.'

병선은 도서관 사서 과장을 설득했습니다.

"아무리 그래도 제 고국의 교수들인데 국제 재판에 세우는 것은 너무합니다. 이번《직지》의 발표로 프랑스국립도서관은 영광을 다 받지 않았습니까? 세계 최고 금속활자본이 프랑스국립도서관에서 발견되었다는 것, 소유권이 있다는 것만으로도 대단한 일이 아닙니까?"

사서 과장은 잠시 생각해 보는 눈치였습니다. 병선은 이어서 말했습니다.

"만약《직지》가 한국 땅에 있었다면요? 제가《직지》를 발견하지 못했다면요? 아마 신경 쓰지 않았을 테지요. 제가 이곳에서 찾아내어 고증을 했기 때문에 세계적인 주목을 받고 있는 거잖아요. 도서관에도 영광스러운 일이고, 저 개인에게도 기쁜 일이고요. 그러니 더 이상 문제 삼지 않았으면 좋겠습니다."

결국 사서 과장은 병선의 말에 수긍하고 이야기를 끝냈습니다. 병선은 씁쓸하게 돌아서며 생각했습니다.

'고국이 알아주지 않아도, 내가 내 나라를 위해 중요한 일을 했으면 그걸로 충분해.'

유네스코는 2001년 9월 4일《직지》를 '세계기록유산'으로 등재하면서, 그 이유를 다음과 같이 밝혔습니다.

"《직지》는 세계에서 가장 오래된 금속활자로 인쇄문화의 전파와 인류의 역사에 큰 영향을 주었습니다. 이에 세계적인 영향력을 준 기록유산으로 인정을 하게 되었고, 현재 프랑스에 단 한 권만이 보관되어 있기에 그 희귀성이 유네스코의 기록유산으로 선정하는 데 크게 고려되었습니다. 《직지》는 인류의 기록문화를 혁신적으로 바꾼 최대의 유산입니다."

한국 문화재를 찾기 위해 다시 프랑스로

1972년 12월 병선은 《직지》 영인본을 내기 위해 오랜만에 고국 땅을 밟았습니다.

'이게 얼마 만에 밟아보는 고국 땅인가.'

병선은 감회가 새로웠습니다. 아주 오래전 비행기에 몸을 싣고 일본을 거쳐 파리에 도착한 것이 엊그제 같은데 벌써 강산이 두 번 바뀔 만한 시간이 흐른 것입니다.

고국을 떠날 때 이 나라의 교육에 몸 바치리라 생각했던 꿈은 한국의 역사와 문화를 연구하면서 접었지만, 후회는 없었습니다. 교육 행정가가 되는 것보다 더 의미 있고 대단한 일을 했기 때문입니다. 《직지》가 세계에서 가장 오래된 금속활자 책임을 밝혀냈고, 우리나라가 뛰어난 민족임을 전 세계에 알린 것은 평생 잊을 수 없는 일이었습니다.

병선이 고국에 오는 데에는 박정희 전 대통령의 부인인 육영수 여사의 도움이 컸습니다. 육영수 여사는 한국의 신문 기사를 통해 《직지》가 세계 최초의 금속활자 책임을 알게 되었던 것입니다. 육영수 여사는 병선을 따뜻하게 맞아 주었습니다.

"정말 훌륭한 일을 하셨습니다. 모든 국민이 《직지》를 통해 우리 역사와 문화에 대해 자부심을 갖게 되었습니다."

육영수 여사는 《직지》에 관한 소식을 모두 알고 있었고 병선이 고국에 머무르는 동안 여러 가지로 신경을 써 주었습니다.

얼마 후 병선은 고국의 대학으로부터 교수를 맡아 달라는 제안을 받았습니다.

"이제 파리의 유학 생활을 접으시고 고국으로 돌아오십시오. 그래서 그동안 연구하신 업적을 널리 알리시고 제자들을 키워주세요."

병선은 이런 제안을 받고 한동안 망설였습니다. 자신 역시 파리의 유학 생활을 마치고 고국에 돌아오고 싶었던 적이 한두 번이 아니었기 때문입니다.

"아닙니다. 저는 아직도 파리에서 해야 할 일이 남아 있습니다."

병선은 그 제안을 정중하게 거절했습니다. 고국을 떠나기 전에 이병도 교수가 들려주던 말씀이 떠올랐기 때문입니다. 프랑스 군인이 강화도에서 가져간 외규장각 의궤를 찾아야 한다는 생각은 파리에 머무는 동안 한 번도 잊은 적이 없었습니다. 더군다나 병선은 《직지》를 발견하면서 우리 문화재에 대한 애정이 더욱 각별해졌습니다.

병선은 다시 프랑스로 돌아왔습니다. 그동안 병선에게도 많은 변화가 있었습니다. 프랑스국립도서관에서는 《직지》를 발견한 공로를 인정해 주었습니다. 그리고 병선은 학업에 전념한 결과 그렇게 고대하던 박사 학위를 받았습니다. '역사를 통해 본 한국 민속학'으로 사학 박사 학위를 받았고, 민속사에 관한 논문으로 두 번째 박사 학위를 받았습니다.

병선이 박사 학위를 받자, 세계 유수의 대학과 연구소에서 와달라는 제의가 쏟아져 들어왔습니다. 조건도 좋았습니다. 교수직을 제안하기도 했고, 역사 연구원으로 채용할 의사를 밝히는 곳도 있었습니다. 그러나 병선은 모든 제안을 거절하고 다시 프랑스국립도서관으로 돌아왔습니다. 우리의 소중한 문화재를 찾기 위해서는 프랑스국립도서관에 있어야 했기 때문입니다.

세 번째 이야기

외규장각 의궤를 발견하다

외규장각 의궤는 어디에 있을까?

　박병선은 프랑스국립도서관에서 근무하는 동안 늘 한 가지 의문에 사로잡혀 있었습니다.

　'프랑스 군인이 약탈해 간 우리 문화재는 어디에 있는 것일까?'

　고국에 방문해 머무는 동안 박병선은 한국 역사학자들을 만나 약탈당해 해외로 유출된 문화재에 대해 진지하게 대화를 나누었습니다. 고국의 역사학자들도 병인양요 때 프랑스 군인이 약탈해 간 외규장각 의궤에 대해 관심이 많았습니다.

　그러나 약탈당한 우리 문화재가 있다는 추측뿐이지, 정말 존재하는지, 문화재들이 어디에 있는지는 알 수 없었습니다.

　'강화도에서 사라진 문화재가 고문서라면, 틀림없이 프랑스국립

도서관에 있을 거야.'

　박병선은 이 문화재가 프랑스국립도서관에 있을 것이라고 생각했습니다. 프랑스국립도서관에는 16세기 이후 해외에 진출한 프랑스 군대가 가져온 책들을 보관하고 있었기 때문이었습니다.

　박병선이 《직지》를 찾아 금속활자임을 밝혀낸 것도 결코 우연이 아니었습니다. 이병도 교수님의 말씀을 떠올리며 우리의 귀중한 문화재를 찾아내겠다는 일념으로 프랑스국립도서관을 샅샅이 뒤진 결과입니다.

　박병선은 다시 프랑스로 돌아온 후 외규장각 의궤를 본격적으로 찾아 나서기 시작했습니다. 도서관 일이 끝나면 도서관 안은 물론 책을 쌓아놓은 수장고와 별관 등을 샅샅이 뒤졌습니다.

"콜록콜록."

　2년 가까이 종이 먼지를 뒤집어쓰며 도서관을 뒤진 결과, 드디어 프랑스 군인들이 약탈해 간 외규장각 의궤의 흔적을 알아냈습니다.

　도서관에 남아 있는 19세기 프랑스 역사 자료에 이 문화재에 대한 설명이 있었던 것입니다. 그것은 바로 조선 시대 왕 정조가 왕실 서적을 보관하기 위해서 강화도에 설치한 서적 보관소인 '외규장각'에 소장되어 있던 책들이었습니다.

'프랑스 군인이 문화재를 약탈했다는 기록이다. 드디어 외규장각 의궤의 흔적을 찾았어!'

그런데 또 한 가지 의문이 생겼습니다. 조선 시대의 외규장각 의궤가 어떻게 프랑스에 건너오게 된 것일까요?

이번에는 프랑스국립도서관에서 찾아낸 역사 자료를 통해 외규장각 의궤가 어떻게 프랑스에 오게 되었는지 조사했습니다. 19세기 프랑스 역사와 한국 역사 자료에는 1866년의 상황이 생생하게 기록되어 있었습니다.

1866년 11월, 프랑스 해군이 조선의 강화도에 무력 침공을 했습니다. 그 이전부터 프랑스는 조선이 항구를 열고 외국과 거래할 것을 끊임없이 요구했습니다. 그러던 중 병인사옥(1866년 흥선대원군이 천주교인 8,000여 명과 프랑스 천주교 신부들을 학살한 사건)이 발생하였고, 이에 대한 보복을 빌미로 중국에 있던 프랑스 함대 사령관 로즈 제독이 함대 7척과 군사 600여 명을 이끌고 강화도에 침범했습니다. 이때 양헌수 장군과 조선의 군사들이 강화도 정족산성에서 목숨을 걸고 싸워 프랑스 군대를 물리쳤습니다. 강화도에 머물러 있던 프랑스 군은 두 달 동안 조선의 많은 문화재를 약탈하였습니다. 그 많은 약탈품 중에 외규장각 의궤가 포함되어 있었습니다.

정족산성 전투에서 패한 프랑스 군은 외규장각 의궤 중 345권을 약탈하고, 나머지 외규장각 고서들을 모두 불태우고 달아났습니다. 수많은 우리 선조의 유산이 잿더미로 변한 것입니다. 1782년 2월 조선의 22대 왕인 정조가 왕실의 중요한 서적을 보관하기 위해 강화도에 설치한 외규장각은 그렇게 불에 타 사라졌습니다. 외규장각은 왕립 도서관인 규장각의 부속 도서관 역할을 하였고, 왕실이나 나라의 주요 행사 내용을 정리한 책인 의궤를 비롯해 여러 권의 책을 보관하였습니다. 외규장각은 강화읍성 내 행궁 자리에 만들어졌는데, 창덕궁에 있는 규장각의 고서들 중 특별히 보존할 필요가 있는 중요 서적들을 옮겨놓았습니다. 그 곳에 보관해두었던 중요 서적과 의궤들을 '외규장각 의궤'라고 합니다.

드디어 역사 학자들 사이에 오랜 의문으로 남아 있던 비밀의 열쇠가 풀렸습니다.

이런 역사적 사실을 확인한 박병선은 외규장각 의궤가 프랑스국립도서관에 남아 있을 것이라고 확신했습니다. 19세기 당시 프랑스국립도서관은 해외에서 들어온 책을 소장하는 유일한 도서관이었습니다. 그래서 외규장각 의궤를 찾기 위해 또다시 프랑스국립도서관 안을 뒤졌습니다.

그러나 외규장각 의궤는 좀처럼 나타나지 않았습니다. 프랑스국립도서관은 워낙 많은 책을 보관하고 있었기 때문에 병선은 마치 첩첩산중을 헤매는 것처럼 막막한 기분이었습니다.

드디어 만난 외규장각 의궤

고국을 떠난 지 22년이 흘러 1977년이 되었습니다. 《직지》를 고증한 지는 5년이 흐른 때였습니다. 박병선은 이곳저곳 의궤가 있을 만한 곳은 어디든 가서 흔적을 찾았습니다. 경비 마련을 위해 안 먹고 안 입으면서 말이에요. 그날도 여느 날과 마찬가지로 박병선은 힘겨운 몸을 이끌고 서고를 뒤지고 있었습니다. 그런데 프랑스국립도서관 사서 동료가 박병선에게 대수롭지 않게 물었습니다.

"병선 씨? 예전에 찾는다던 그 책, 아직 찾고 있어요?"

여가시간에도 항상 바빠 무언가를 찾는 박병선에게 동료가 이유를 물은 적이 있었습니다. 그때 박병선은 '1866년 프랑스 군인에게 빼앗긴 왕실 도서'를 찾고 있다는 사실을 말해 주었었죠. 그리고 혹시 한자가 적힌 책이 보이면 알려 달라고 부탁해 두었고요.

"예. 아직 찾는 중이에요. 혹시 본 적이 있나요?"

반가운 소식에 박병선의 얼굴이 확 밝아졌습니다.

"내가 본 책이 병선 씨가 찾는 책일지도 모르겠어요."

"정말요? 어디서 봤어요?"

당장 달려갈 태세로 묻는 박병선에게 동료가 살짝 웃으며 말했습니다.

"베르사유에 있는 국립도서관 별관에 가 봐요. 고문서 파손창고에서 동양 책으로 보이는 고서가 잔뜩 쌓여 있는 것을 봤어요."

'그 책들이 외규장각 의궤라면 얼마나 좋을까……. 설사 아니더라도 실망하지 말자.'

박병선은 설레는 마음을 추스르고 베르사유 별관으로 달려갔습니다. 별관 안에는 파손되었거나 파기할 책들이 정리되지 않은 채 어지럽게 쌓여 있었습니다. 사람의 손길이 닿지 않은 지 오래된 탓인지 책더미에는 먼지가 뿌옇게 쌓여 있었고 퀴퀴한 냄새가 진동했습니다.

베르사유 별관에는 무려 1만 권에 달하는 책이 있었습니다. 별관에 들어서서 쌓여 있는 도서를 마주한 박병선은 방대한 양에 겁이 나기보다는 다른 의미로 겁이 났습니다.

'여기 있다는 책들이 의궤가 맞을까?'

박병선은 걱정 반, 설렘 반의 마음으로 창고 속으로 들어갔습니다.

박병선은 베르사유 별관 안에 동양학으로 분류해 놓은 곳부터 차례차례 뒤지기 시작했습니다. 조금이라도 모르는 단어가 나오면 사전을 찾아가면서 책 제목을 검토했습니다. 그러나 박병선의 간절한 바람과는 달리 외규장각 의궤는 좀처럼 모습을 드러내지 않았습니다.

외규장각 의궤를 찾는 것은 《직지》가 금속활자라고 밝히는 것 이상으로 어려운 일이었습니다. 어느 때에는 너무도 힘이 들어서 포기하려고까지 생각했습니다. 그러나 소중한 우리 문화재의 흔적을 눈앞에 두고 이대로 체념하고 물러설 수 없었습니다. 조선 왕실을 기록한 이 귀중한 도서를 이역만리 땅에 그대로 내버려 둘 수 없었던 것입니다.

그러던 어느 날 별관 한쪽 구석에 푸른 빛이 도는 고서 한 무더기가 놓여 있는 것을 발견했습니다. 녹색 표지에 폭 40~60cm 크기로 보통 책보다 컸고 책 가운데에는 옛날 문고리 같은 고리가 달려 있었습니다. 국화꽃처럼 동글동글한 장식도 세 개가 있었고, 그 위에는 작은 못이 박혀 있었습니다. 한눈에 봐도 아주 귀한 책이라는 것을 알 수 있었습니다.

'이게 무슨 책일까?'

책 표지는 별관에 있는 다른 고서와는 달리 화려했습니다. 또한 책 속에는 옛날 사람들의 생활상을 담은 그림들이 매우 정교하게 그려져 있었습니다. 그 당시에 서양이든 동양이든 그림이 그려진 책은 아주 드물었습니다.

박병선은 별관 구석에 쭈그리고 앉아 책 내용을 차분하게 살펴보았습니다. 책 속에는 낯익은 한자들이 자주 보였습니다. 어렸을 때 역사책에서 배운 조선 왕의 이름과 조선 시대 관리들의 직책도 이따금 눈에 띄었습니다. 박병선은 곧 이 화려한 고서가 어떤 책인지 깨달았습니다.

"오! 드디어 찾았어!

그것은 바로 자신이 그토록 오래도록 찾고 있던 외규장각 의궤였습니다. 박병선은 책을 보고 놀라움을 감추지 못했습니다. 2백년 가까이 된 책들이 어떻게 이처럼 보관이 잘 되어 있는지 의아할 정도로 상태가 좋았기 때문입니다. 흰 종이의 질감은 빳빳했고 그 위에 찍힌 붉은 괘선이 마치 살아 있는 듯한 느낌이 들었습니다.

떨리는 마음으로 책 속을 찬찬히 살펴보았습니다. 속지도 비교적 보관 상태가 좋았습니다. 군데군데 얼룩이 져 있었지만 먹이 묻은 곳은 전혀 좀이 슬지 않았습니다. 붓으로 썼을 글씨는 펜으로 썼다고 여겨질 만큼 선이 명확했습니다. 책 속 그림들은 먹과 물감으로 정교하게 그려져서 마치 그 모습을 실제로 내려다보고 있는 것 같은 착각이 들 정도였습니다.

전통의상을 입은 당시 조선 왕실 모습, 의례 행사나 행렬 모습, 궁궐 풍경, 당시의 건축물 등 획 하나하나가 살아있는 듯 세밀했고 단아하고 아름다운 색으로 채색되어 있었습니다.

외규장각에 보관되었던 의궤는 왕이 보기 위해 제작된 어람용이었습니다. 그래서 다른 책과 비교가 불가능할 만큼 내용의 완성도가 훌륭할 수밖에 없었을 테지요.

'프랑스군이 1866년에 약탈해 갔던 조선의 의궤가 확실해! 믿기지 않아……. 내가 정말로 찾을 줄이야…….'

20여 년 전, 이병도 교수의 부탁을 드디어 들어줄 수 있게 되었습니다.

'교수님께서도 하늘나라에서 기뻐하고 계시겠지?'

박병선은 어쩐지 스승의 따뜻한 목소리가 들리는 듯했습니다.

"잘했다, 병선아. 정말 장해! 난 네가 해낼 거라고 믿었어."

그날 박병선이 베르사유 별관에서 찾아낸 외규장각 의궤는 세 권이었습니다. 그러나 박병선은 프랑스 군인이 가져간 책은 그렇게 적은 양이 아닐 것이라고 생각했습니다. 1866년 프랑스 군인이 작성한 역사 자료에는 커다란 박스에 많은 책을 넣었다고 적혀 있었습니다.

'이제부터 시작이야.'

박병선은 이후 외규장각 의궤를 본격적으로 찾아 나섰습니다. 외규장각 의궤가 전부 10권일지, 100권일지 알 수 없었습니다. 이 책들이 얼마나 많이 베르사유 별관에 남아 있을지 모르니, 별관을 모두 뒤지는 수밖에 없었습니다.

파란 책자에 묻혀 사는 여성

박병선은 외규장각 의궤를 찾기 위해 하루도 빠짐없이 베르사유 별관에 들렀습니다.

"허허, 오늘도 또 왔군요."

베르사유 별관을 지키는 경비원이 하루도 거르지 않고 찾아오는 박병선을 알아보고 인사를 건넸습니다.

"안녕하세요."

"오늘도 한국의 고서를 찾으려고 왔습니까?"

"네. 이 책들은 한국의 왕실 역사를 밝혀줄 수 있는 매우 귀중한 책입니다."

"부디 찾고자 하는 책이 하루빨리 나타나기를 바랍니다."

베르사유 별관 수위는 박병선에게 격려의 말을 아끼지 않았습니다.

"고맙습니다."

그뿐이 아니었습니다. 프랑스국립도서관의 사서들도 박병선이 일과가 끝나면 별관에 가는 것을 잘 알고 있었습니다. 그래서 도서관 사서들은 박병선을 보고 '파란 책자에 묻혀 사는 여성'이라고 불렀습니다. 외규장각 의궤의 겉표지가 파랗고 책이 커서 책을 펴놓고 있으면 책 속에 묻혀 있는 것처럼 보여 붙여진 별칭이었습니다. 그만큼 박병선은 외규장각 의궤를 찾기 위해 온 정열을 쏟았습니다.

박병선이 외규장각 의궤를 찾기 위해 베르사유 별관을 드나든 지 벌써 2년이 지났습니다. 별관 수장고에 오래도록 묻혀 있던 외규장각 의궤가 하나둘 모습을 드러냈습니다. 한 달에 걸쳐 한 권을 찾은 적도 있었고, 하루에 수십 권의 책을 찾아낸 적도 있었습니다.

그리고 마침내 박병선은 외규장각 의궤를 모두 찾아냈습니다. 그 숫자는 정확히 297권이었습니다.

'정말 대단한 책이야. 조선 시대에 어떻게 이런 책을 만들었을까?'

박병선은 진귀한 보물을 다루듯 외규장각 의궤를 어루만졌습니다. 이 책들은 보면 볼수록 화려하고 신비로웠습니다. 그림 속에 있는 조선 시대 사람들의 표정도 마치 살아 있는 것처럼 생생했습니다.

조선 시대 왕실에서 거행한 행사 모습이 잘 드러나 있었고, 왕실에서 행하는 격식과 예의도 그림으로 잘 기록되어 있었습니다. 왕실의 행사에 얼마나 많은 물자나 인력이 동원되었는지 낱낱이 기록된 의궤는 당시의 경제 및 사회상을 엿볼 수 있는 귀중한 자료입니다.

조선 시대 의궤는 질이 좋은 종이에 정성을 들여 글씨를 쓰고 아름다운 색깔로 그림을 그린 다음, 암록색 비단으로 표지를 싸서 놋쇠 물림(경첩)으로 묶었습니다. 이런 책은 세계 출판문화 사상 대단한 자랑거리이며 우리 민족의 귀중한 보배인 것입니다.

외규장각 의궤를 모두 찾아낸 박병선은 이를 프랑스국립도서관 사서들에게 보여 주었습니다.

"이 책이 정말 한국의 왕실 행사를 기록한 책이란 말이에요?"

도서관 사서는 조선의 의궤에 그려진 내용을 보고는 다시 한 번 놀랐습니다.

"그렇습니다. 이 책은 한국 역대 왕들의 행사를 세밀하게 기록한 책입니다."

"한국이라는 나라는 정말 위대한 민족 같군요. 세계에서 가장 오래된 금속활자 책을 찍어 내더니……. 그런데 2백 년이나 넘은 책들이 어떻게 이처럼 훼손되지 않고 원 상태를 유지할 수 있죠?"

도서관 사서는 외규장각 의궤 보존 상태에 놀라움을 금치 못했습니다.

"그것은 한국의 제지술이 매우 뛰어났기 때문이에요."

2백년이 훨씬 지난 책들이 깨끗하게 보존될 수 있었던 비결은 바로 이 책을 만든 종이에 있었습니다. 의궤는 초주지라고 하여 조선 시대에 만든 종이 중에도 가장 뛰어나고 품질이 좋은 종이로 만들어졌습니다. 조선 시대 종이는 질이 아주 좋으며 희고 질겨서 세월이 흘러도 좀처럼 변하지 않는 특성이 있었습니다. 그만큼 우리 선조의 종이 만드는 기술이 뛰어났던 것입니다.

처음 한국의 학자들은 프랑스국립도서관에서 외규장각 의궤들을 잘 보관했기 때문이라고 여겼습니다. 그런데 외규장각 의궤와 함께 보관한 중국 책들은 외규장각 의궤보다 오래된 책이 아닌데도 책 모서리가 누렇게 바래 있었습니다.

"그동안 이 책들을 찾느라 수고하셨습니다. 앞으로 이 귀중한 책들은 프랑스국립도서관으로 옮겨져 보관될 것입니다."

프랑스국립도서관장은 매우 기뻐했습니다. 박병선이 찾아낸 외규장각 의궤는 베르사유 별관 파손창고에서 프랑스국립도서관으로 옮겨졌습니다.

되찾고 싶은 외규장각 의궤

외규장각 의궤를 찾아낸 후 박병선은 또 다른 고민에 빠졌습니다. 이 귀중한 책들을 이대로 두어야 할지 판단이 서지 않았던 것입니다. 비록 외규장각 의궤를 프랑스에서 소유하고 있으나 본래 주인은 바로 우리나라이기 때문입니다.

세계에서 가장 오래된 금속활자 책인 《직지》와 외규장각 의궤는 차이가 있습니다. 《직지》는 서울에서 근무했던 프랑스 공영사가 구입한 책입니다. 《직지》는 개인이 직접 대가를 주고 사 간 것이기 때문에 우리나라는 돌려 달라고 할 수 없습니다. 그러나 외규장각 의궤는 프랑스 군인이 불법으로 약탈한 책입니다.

'약탈한 책이니 원래 주인에게 돌려주는 것이 도리가 아닌가?'

박병선은 이런 의문을 프랑스국립도서관의 동료 사서들에게 함부로 말할 수 없었습니다. 프랑스 사람들은 책에 대해서 남다른 애정을 가지고 있었습니다. 프랑스국립도서관에 소장되어 있는 책들은 약탈한 책이든 개인이 구입한 책이든 모두 프랑스가 소유해야 한다고 생각했습니다.

프랑스는 외규장각 의궤 이외에도 18, 19세기 제국주의 시대 나폴레옹 황제를 비롯해 여러 국왕이 아프리카와 중동 지방을 침략하고 많은 문화재를 약탈했습니다. 이집트, 그리스 등에서 무력으로 약탈한 문화재가 지금도 루브르박물관에 소장되어 있습니다. 식민지 시대 동안 힘 없는 나라의 국민들은 나라를 빼앗겼을 뿐만 아니라 그 나라의 얼이 서린 문화재마저 빼앗겼습니다.

우리나라도 일제 강점기 36년 동안 많은 문화재를 일본에 약탈당했던 과거가 있습니다. 고려청자는 우리나라보다 일본이 더 많이 가지고 있다는 말이 있을 정도입니다. 고려청자 이외에도 고려의 불화(佛畵), 조선 왕실을 기록한 책 등 이루 헤아릴 수 없는 수많은 우리의 문화재가 일본에 있습니다. 언젠가 그 문화 유산들을 우리 손으로 되찾아 와야 할 것입니다.

'우리 선조가 공을 들여 만든 외규장각 의궤를 이 먼 곳에 방치해 둘 수는 없어.'

박병선은 오랜 고민 끝에 마음의 결정을 내렸습니다. 외규장각 의궤는 고국에 반환되어야 한다고 생각한 것입니다. 그리고 곧 프랑스 국립도서관장과 면담을 요청했습니다.

"베르사유 별관에서 발견한 외규장각 의궤는 한국의 귀중한 문화재입니다. 이 책들이 있을 곳은 프랑스국립도서관이 아닙니다."

박병선은 또렷한 목소리로 말했습니다.

"그것은 어쩔 수 없는 일입니다. 우리 프랑스가 소유한 문화재는 그 어떤 경우에도 다시 해외로 반환한 적이 없습니다."

도서관장도 물러서지 않았습니다.

"이 도서는 프랑스 군인이 약탈한 도서이기 때문에 마땅히 원래 주인인 한국에 돌려주어야 합니다."

"약탈 도서라니요? 그런 증거가 있습니까?"

박병선은 외규장각을 찾을 당시 모은 자료를 도서관장에게 보여 주었습니다. 이 자료에는 1866년 프랑스 군대가 조선을 침략하여 강화도에 소장된 외규장각을 약탈해 갔다는 내용이 담겨 있었습니다.

"이럴 수가……."

도서관장은 박병선이 제시한 자료를 보고 어쩔 줄 몰라했습니다. 그 자료들에는 누가 보아도 프랑스가 조선을 침략해 약탈했다는 증거가 명명백백히 드러나 있었기 때문입니다.

"프랑스 군인이 이 도서를 약탈했다고 해도 이 책을 한국에 반환할 수는 없습니다."

"왜죠?"

"프랑스국립도서관은 그 어떤 책도 다른 나라에 반환한 사례가 없으며, 프랑스 국민들도 이런 귀한 책을 해외로 반출하는 것을 납득하지 않을 것이기 때문입니다."

도서관장은 외규장각 의궤를 한국에 반환할 수 없다고 강력히 말했습니다. 그뿐만 아니라 앞으로 외규장각 의궤에 대해서는 그 누구에게도 알리지 말라고 경고했습니다.

박병선의 마음은 찢어질 듯 했습니다. 오래도록 베르사유 별관을 뒤지면서 외규장각 의궤를 찾아냈지만, 이 책들이 원래 주인인 한국이 아니라 프랑스국립도서관에 있어야 했기 때문이었습니다. 박병선은 좌절하지 않고 더욱 결심을 굳혔습니다.

'고국에 외규장각 의궤의 존재를 알려야 해. 그래서 우리나라로 반환되어야 해.'

외규장각 의궤가 발견되었을 당시만 해도 한국에서는 이런 책들이 프랑스국립도서관에 있는지조차 모르고 있었습니다. 박병선은 외규장각 의궤가 고국에 반환되기 위해서는 한국 정부나 역사학자는 물론 대한민국 국민이 모두 이 책의 존재를 알아야 한다고 생각했습니다.

'한국의 방송과 신문에 외규장각 의궤를 알리면 국민들의 관심도 높아질 거야.'

그래서 박병선은 프랑스 파리에서 활동하고 있는 한국 특파원을 만났습니다.

"지금 프랑스국립도서관에는 조선 왕실의 행사를 기록한 외규장각 의궤가 있어요."

"외규장각 의궤요?"

한국 기자는 외규장각 의궤에 대해서 잘 알지 못했습니다. 박병선을 베르사유 별관에서 찾아낸 외규장각 의궤에 대해 차분하게 설명해 주었습니다.

"그럼 이 책이 1866년 프랑스 군인들이 조선을 침략하여 약탈한 도서라는 것입니까?"

"그렇습니다. 모두 합해 297권입니다."

"놀라운 일입니다. 한국에서도 존재를 잊고 있던 그 귀한 책을 모두 찾아내다니."

박병선은 그동안 모은 역사 자료를 한국 기자에게 보여 주면서 말했습니다.

"어서 이 사실을 고국에 알려야 해요. 그래서 하루빨리 외규장각 의궤가 고국에 돌아갈 수 있도록 해야 합니다."

"알겠습니다. 외규장각 의궤의 실체를 한국에 알리겠습니다."

기자는 이런 사실을 고국에 있는 신문사에 알렸고, 곧 외규장각 의궤의 실체가 한국 신문에 크게 실렸습니다. 한국사람들은 병인양요 때 프랑스 군인들이 약탈해 간 귀중한 도서가 프랑스국립도서관에 있다는 사실에 모두 놀랐습니다. 역사학자도 마찬가지였습니다. 그동안 베일에 가려져 있던 프랑스 군인의 문화재 약탈 행위가 박병선의 노력으로 밝혀진 것입니다. 역사학자들은 외규장각 의궤를 밝혀낸 인물이 박병선이라는 사실에 다시 한 번 놀랐습니다.

"박병선 박사는 《직지》가 금속활자로 만든 책이라는 것을 밝혀낸 사람이 아닌가."

고국에서의 반응은 실로 대단했습니다. 외규장각 의궤의 실체가 알려지자 국민들의 관심도 한층 높아졌습니다. 시민운동단체와 역사학자들은 외규장각 의궤를 고국에 반환해야 한다고 목소리를 높이기 시작했습니다. 외규장각 의궤 반환 운동이 시작된 것입니다.

그러던 어느 날, 프랑스국립도서관장이 박병선을 불렀습니다. 도서관장의 표정은 어둡고 침울해 보였습니다.

"당신이 외규장각 의궤의 존재를 외부에 알렸습니까?"

도서관장의 책상 위에는 외규장각 의궤를 프랑스 군인이 약탈한 과정과 이를 낱낱이 밝혀낸 박병선의 글이 실린 한국 신문이 놓여 있었습니다. 도서관장은 한국에서 외규장각 의궤가 소개된 것은 물론 박병선이 한국 기자를 만난 것도 알고 있었습니다.

"당신은 우리 도서관의 규율을 어겼습니다."

도서관장은 화를 애써 참으려는 듯 얼굴이 붉게 달아올랐습니다. 그는 외규장각 의궤 문제가 외부에 알려지는 것을 원치 않았습니다.

"내가 만난 사람은 한국의 기자입니다. 고국의 귀중한 문화재가 외국에 방치되어 있는 것을 알리는 것은 성숙한 국민으로서 해야 할 도리라고 생각합니다. 만약 도서관장님이 나폴레옹 황제의 행사를 기록한 책들을 다른 나라 군인이 약탈해 갔다면 이대로 가만히 보고만 있겠습니까? 아니면 이 귀중한 책을 다시 되찾기 위해 노력하겠습니까?"

박병선은 도서관장의 얼굴을 바라보며 물었습니다.

"그, 그러니까……."

도서관장은 대답을 하지 못하고 말을 더듬거렸습니다.

"해외로 약탈된 고국의 문화유산을 찾으려고 하는 것은 국민의 도리이고, 이를 전 국민에게 알리는 것은 기자들의 마땅한 임무라고

생각합니다."

"당신이 외규장각 의궤를 한국에 알렸기 때문에 우리는 지금 매우 난처한 입장에 처해 있습니다. 어찌됐든 당신은 프랑스국립도서관에 근무하는 사서로서 부적합한 일을 한 것입니다."

박병선도 프랑스국립도서관에서 외규장각 의궤를 쉽게 내주지 않으리라는 것을 알고 있었습니다.

외규장각 의궤가 프랑스국립도서관에 있다는 사실이 한국에 알려진 후 도서관 사서들은 박병선을 냉랭하게 대했습니다. 예전처럼 잘 어울리려고 하지 않았고, 이방인을 대하듯 점점 거리를 두었습니다. 박병선은 도서관 사서들의 차가운 태도 탓에 하루하루가 가시밭길을 걷는 기분이 들었습니다. 도서관에 들어설 때마다 주위의 따가운 시선이 느껴졌습니다.

박병선은 더 이상 프랑스국립도서관에서 일하는 것이 불가능하다는 것을 깨달았습니다. 시간이 지날수록 무언의 압력이 가해지고 도서관 책임자는 사서를 관두라고까지 말했습니다.

결국 박병선은 프랑스국립도서관에 사직서를 쓰고 그곳을 떠났습니다. 오래도록 정이 들었던 곳을 떠나려고 하니 발길이 떨어지지 않았습니다. 그래도 조국을 위해 한 일이니 외규장각 의궤의 존재를 한국에 알린 데 후회는 없었습니다.

뼈를 깎는 10년간의 연구

'큰 뜻을 이루기 위해서는 작은 희생이 따르기 마련이지.'

박병선은 앞으로 해야 할 일을 차분하게 머릿속으로 그려 보았습니다. 도서관을 그만둔 후에도 외규장각 의궤를 우리나라에 가져와야 한다는 생각에는 변함이 없었습니다. 오히려 도서관을 그만두고 나자, 도서관장이나 동료들의 눈치를 볼 이유가 없었기 때문에 마음이 더욱 홀가분해진 듯도 했습니다.

'지금부터는 더욱 체계적으로 외규장각 의궤 반환 운동을 펼쳐야 해.'

박병선은 고국에 있는 역사학자들에게 편지를 써서 외규장각 의궤의 반환을 서둘러야 한다고 알렸습니다. 또한 정부에도 조선 왕실의 행사를 기록한 의궤가 머나먼 프랑스 도서관에 있으니 어서 반환을 촉구해 달라고 청원했습니다. 그러나 이렇다 할 연락이 오지 않았습니다. 국민들은 프랑스로부터 외규장각 의궤를 돌려받아야 한다고 목소리를 높였지만 한국 정부는 묵묵부답이었습니다.

외규장각 의궤 반환 문제는 정부가 나서지 않으면 해결하기 힘든 문제였습니다. 국보급에 해당하는 중요한 문화재이기 때문에 프랑스와 한국 정부가 외교적으로 해결하는 수밖에 없었습니다.

박병선은 프랑스 파리에 있는 한국 대사관을 찾아갔습니다. 프랑스 주재 한국 대사를 만난 자리에서 박병선은 다음과 같이 말했습니다.

"프랑스국립도서관에는 프랑스 군인들이 1866년 조선에서 약탈한 조선의 의궤 297권이 있습니다. 이 책들을 하루빨리 되찾기 위해서는 외교적인 노력이 필요합니다. 대사님께서 이 문제를 우리 정부에 정식으로 건의해 주십시오. 우리 민족의 위대한 유산을 되찾아야 합니다."

그러나 한국 대사는 난감한 표정을 지었습니다.

"박사님의 말씀이 무슨 뜻인지 잘 알아요. 그러나 이번 일로 한국과 프랑스 간의 우호가 깨지면 어떻게 합니까? 자칫 외교적으로 큰 갈등을 불러일으킬 수 있습니다."

한국 대사는 프랑스와 우리나라의 우호 관계가 깨질 것을 우려했습니다.

"대사님, 우리 문화재를 되찾는 것이 어떻게 외교 마찰이 될 수 있습니까?"

박병선은 차분하게 설득하기 시작했습니다. 외규장각 의궤는 《직지》와는 달리 프랑스 군인이 약탈한 문화재이기 때문에 고국에 환수되어야 한다고 열정적으로 주장했습니다. 그러나 박병선의 이런 간절한 설득에도 불구하고 대사는 시큰둥한 반응을 보였습니다.

'아아, 우리 문화재를 되찾는 것이 이토록 어려운 일인가.'

실망했지만 여기에서 포기할 수는 없었습니다. 박병선은 오랜 고민 끝에 외규장각 의궤의 내용을 면밀히 검토하기로 했습니다.

'외규장각 의궤를 효과적으로 알리기 위해서는 잘 정리한 책이 필요해. 그래, 지금까지 내가 외규장각 의궤를 연구한 것을 한 권의 책으로 만들자.'

박병선은 외규장각 의궤를 본격적으로 연구하기 시작했습니다. 사실 웬만한 학자라도 의궤 열 권을 읽고 지쳐서 포기했을 것입니다. 그런데 박병선은 297권이나 되는 의궤를 한 번이 아니라 두 번, 세 번 반복적으로 탐독하며 연구했습니다. 《직지》의 금속활자를 고증할 때처럼 누가 알아주지 않아도 묵묵히 외규장각 의궤에 매달렸습니다. 외규장각 의궤를 연구하는 일은 무척이나 고독한 작업이었습니다.

그렇게 세월은 흘러갔습니다. 1년이나 2년이면 모든 연구가 끝날 줄 알았는데, 무려 10여 년의 세월이 흘렀습니다. 마침내 1989년 박병선은 외규장각 의궤의 마지막 장을 덮으며 땀을 닦았습니다.

외규장각 의궤 반환 운동에 불을 지피다

　외규장각 의궤 연구를 책으로 펴내기 위해서는 적지 않은 비용이 필요했습니다. 박병선은 이 책을 프랑스어로 된 책과 한국어로 된 책으로 만들기를 원했습니다. 외규장각 의궤를 널리 알리기 위해서는 프랑스어로 된 책도 중요했기 때문입니다. 생활이 넉넉지 않았던 박병선은 책을 출판하기 위해 고국에 도움을 요청했습니다. 10여 년의 연구 끝에 완성된 의궤 원고가 있으니, 이를 책으로 펴내 달라고 부탁하는 편지를 썼습니다.

　박병선의 편지는 청와대 대통령 비서실에서 문화부를 거쳐 서울대 규장각 도서관리실로 전달되었습니다. 서울대 규장각 도서관리실장이었던 이태진 교수는 박병선 박사의 편지를 읽고 큰 감동을 받았습니다.

고국도 아닌 프랑스에서 혼자 고군분투하며 외규장각 의궤 연구를 하는 박병선의 모습이 홀로 싸우는 외로운 영웅 같았기 때문입니다.

"어떻게든 박병선 박사님을 도와야 해."

이태진 교수는 곧 프랑스 파리에 있는 박병선에게 답신을 보냈습니다. 며칠 후 프랑스 파리에 갈 일이 있으니 그때 의궤 출판에 대해 의논해 보자는 내용이었습니다.

박병선은 이태진 교수가 파리에 오는 날을 손꼽아 기다렸습니다. 이태진 교수는 그 어떤 한국 학자보다 외규장각 의궤에 관심이 많았고, 고국 반환에 힘쓴 사람입니다. 1991년 이태진 교수와 박병선이 파리에서 만났습니다.

"안녕하십니까! 박사님."

"어서 오세요. 이 교수님."

"박사님, 정말 존경스럽습니다. 이런 귀중한 책을 찾아낸 것도 힘들었을 텐데, 297권이나 되는 의궤 연구에 10여 년이나 몰두하시다니요."

"아닙니다. 마땅히 제가 해야 할 일을 한 것뿐입니다."

"박사님께서 이 책을 고국으로 반환하기 위해 기울인 노력은 정말 감동적이었습니다. 우리 정부도 박사님을 기꺼이 돕겠다고 나섰습니다."

"잘된 일이군요. 고국을 떠나 프랑스에 오래 있다 보니 저도 모르게 애국자가 되어 가는 것 같네요."

"혹시 지금 외규장각 의궤를 볼 수 있습니까?"

"물론이죠."

박병선은 이태진 교수를 프랑스국립도서관으로 안내했습니다. 도서관 입관증을 받은 후 동양서적관 열람실로 올라갔습니다. 외규장각 의궤의 열람을 신청하자 도서관 사서가 의궤를 가지고 나왔습니다.

"오, 이것이 조선의 외규장각 의궤로군요."

이태진 교수는 두 눈으로 직접 조선의 의궤를 볼 수 있다는 사실에 놀라움을 감추지 못했습니다. 사진으로는 보았으나 실물로 보는 것은 처음이었기 때문입니다.

"어떠세요?"

박병선이 물었습니다.

"정말 듣던 대로 훌륭한 책입니다. 이런 귀한 도서가 프랑스에 있다는 것이……."

이태진 교수는 너무 안타까운 나머지 말을 잇지 못했습니다.

"이 외규장각 의궤를 반드시 고국의 품으로 돌려보내야 해요."

"박사님, 저희도 외규장각 의궤가 고국에 반환될 수 있도록 최선을 다하겠습니다."

"그래요. 이 책은 우리 모두의 책이며, 우리 민족의 위대한 유산이지요. 저 역시 이곳에서 외규장각 의궤가 반환될 수 있도록 계속해서 최선을 다할 것입니다."

이태진 교수와의 만남은 매우 뜻깊은 일이었습니다. 그 후 교수는 고국에 돌아가 외규장각 의궤 반환 운동을 활발하게 펼쳤습니다. 정부는 물론 시민운동단체들과 꾸준히 접촉을 하고 외규장각 의궤에 관한 글을 써서 신문사에 보내기도 했습니다.

시간이 흐르면서 한국에서도 많은 변화가 생겼습니다. 외규장각 의궤 반환 운동이 전국 방방곡곡에 들불처럼 퍼져간 것입니다. 이제 외규장각 의궤 반환 운동은 시민운동단체는 물론 정부도 중요한 문제로 다루기 시작했습니다. 한국의 신문과 방송에서는 외규장각 의궤에 관한 특집 프로그램을 만들었고, 박병선의 연구와 노력이 전파를 탔습니다.

그 후 고국의 방송과 신문의 인터뷰 요청이 쇄도했습니다. 그때마다 박병선은 외규장각 의궤가 고국에 반환되어야 한다는 주장을 논리적으로 설명했습니다. 어느새 박병선은 외규장각 의궤의 '산증인'이 되어 있었습니다. 드디어 프랑스의 시민운동단체에서도 외규장각 의궤를 한국에 돌려주어야 한다는 목소리가 흘러나오기 시작했습니다.

네 번째 이야기

마침내 고국의 품으로

지켜지지 않은 프랑스 대통령의 약속

"박병선 박사님! 나와 보세요!"

1993년 9월이었습니다. 프랑스 파리에 있는 한국 기자가 아무런 예고도 없이 박병선의 집을 찾아왔습니다.

"무슨 일이에요?"

문을 열고 마주한 한국 기자의 얼굴은 흥분으로 발갛게 상기되어 있었습니다.

"방금 한국에서 반가운 소식이 날아왔습니다."

"반가운 소식이라뇨?"

"프랑스 대통령이 외규장각 의궤를 한국에 반환하겠다고 약속했답니다."

"그, 그게 정말인가요?"

기자의 말을 들은 박병선은 깜짝 놀랐습니다.

"그렇습니다. 드디어 박사님의 꿈이 이루어졌습니다."

"정말 잘되었습니다."

박병선은 기자의 손을 꼭 잡았습니다. 두 사람의 눈에는 어느새 누가 먼저랄 것도 없이 눈물이 맺혔습니다.

박병선은 프랑스 미테랑 대통령이 한국을 방문한다는 소식을 들었을 때부터 좋은 예감이 들었습니다.

외규장각 의궤가 한국에 반환될 것이라는 소식은 프랑스 파리에도 알려졌습니다. 프랑스 신문과 방송에서도 미테랑 대통령이 한국을 방문할 때 외규장각 의궤에 대해 진지하게 의논할 것이라는 뉴스가 보도되었던 것입니다.

그날 밤 박병선은 너무 기쁜 나머지 잠을 이루지 못했습니다. 드디어 오랜 노력과 집념이 결실을 보게 된 것 같아 감개무량했습니다. 외규장각 의궤를 발견한 지 꼭 15년 만에 일어난 일이었습니다. 그동안 겉으로 드러내지는 않았지만, 박병선은 의궤 반환 문제로 마음고생을 심하게 했습니다.

박병선은 지난날들을 떠올렸습니다. 베르사유 별관에서 처음 외규장각 의궤를 발견했던 일, 이를 고국에 반환해야 한다고 주장했다가 프랑스국립도서관을 그만두어야 했던 일, 297권이나 되는 의궤를 연구하던 10년간의 나날이 영화의 스틸 컷처럼 스쳐 지나갔습니다.

'이제 됐어. 드디어 외규장각 의궤가 고국의 품에 안기게 됐어.'

박병선은 고국에서 전해져 오는 소식에 귀를 기울였습니다. 한국을 방문한 프랑스 대통령은 외규장각 의궤를 반환한다는 약속의 표시로 의궤 한 권을 김영삼 전 대통령에게 전달했습니다.

"이 한국의 고문서를 돌려주는 것은 당연한 일입니다. 이번 일로 한국과 프랑스 간의 유대 관계가 더욱 깊어지기를 바랍니다."

프랑스 미테랑 대통령은 '한국에 외규장각 의궤를 영구히 반환한다.'는 원칙에 합의하고, 반환의 상징으로 정조의 후궁인 현목수빈의 묘자리를 옮기는 과정을 기록한 《휘경원원소도감의궤》를 전달했습니다.

이 책은 프랑스가 병인양요 때 강화도 외규장각에서 약탈한 도서로, 책의 보관 상태는 아주 좋았으며 표지에는 프랑스국립도서관 소장 번호 '코레앙 2495'라고 적혀 있었습니다. 미테랑 대통령은 빠른 시일 안에 나머지 책들도 전부 반환할 것을 약속하고 프랑스로 돌아갔습니다.

그런데 며칠 후 뜻밖의 일이 벌어졌습니다. 금방이라도 한국으로 반환될 것 같았던 외규장각 의궤 협상이 난항을 겪게 된 것입니다.

문제의 발단은 프랑스 대통령을 수행했던 프랑스국립도서관 사서로부터 시작되었습니다. 두 명의 사서가 외규장각 의궤를 돌려줄 수 없다고 나선 것입니다. 도서관 사서는 프랑스국립도서관에 사직서를 제출하면서까지 반환을 반대했습니다. 프랑스 신문과 방송은 이런 사실을 보도하면서 프랑스 내에 있는 문화재는 그 어떤 경우에도 다른 나라에 돌려줄 수 없다고 주장했습니다.

"이럴 수는 없어."

프랑스 측은 외규장각 의궤가 '프랑스 국민의 재산'이기 때문에 한국에 돌려줄 수 없다고 주장했습니다. 박병선은 프랑스 측의 이 같은 주장을 도저히 이해할 수 없었습니다.

외규장각 의궤 반환 운동에 차질이 생기자 박병선은 깊은 실의에 빠졌습니다.

'어떻게 외규장각 의궤가 프랑스 국민의 재산이 될 수 있는가.'

너무도 안타깝고 억울해서 잠도 오지 않았습니다. 프랑스 방송은 연일 외규장각 의궤를 보도하면서 프랑스국립도서관에 소장된 문화재를 해외로 반환해서는 안 된다고 열을 올렸습니다.

한편으로는 용기를 주는 일도 있었습니다. 외규장각 의궤 반환 운동을 계기로 문화재를 보는 우리나라 사람들의 인식이 달라졌던 것입니다. 해외에 얼마나 많은 문화재가 유출되었는지 소재 파악에 들어갔고, 세밀한 기초 조사를 하기에 이르렀습니다. 불법적으로 약탈된 문화재에 대한 국민의 관심도 높아졌습니다.

우리의 소중한 문화재를 스스로 지키지 못한 책임도 있기에 잃은 문화재를 되찾으려면 그만큼 값을 치러야 한다고 생각할 수도 있습니다. 그렇다고 그냥 방치해서는 안 됩니다.

고국에서 온 편지가 박병선에게 작은 위안을 주었습니다. 나이 지긋한 어르신에서부터 꼬마 아이까지 힘을 내라고 박병선을 격려해 주었기 때문입니다.

반환을 위한 외로운 싸움을 시작하다

　박병선이 고국을 떠나 파리에 유학 온 지도 어느새 40여 년이 지났습니다. 고국의 문화재를 찾고자 했던 지난 40년은 무척 힘들고 외로운 나날이었습니다.

　세계에서 가장 오래된 금속활자 책인 《직지》를 찾아냈고, 조선 왕실의 귀중한 역사 자료인 외규장각 의궤를 찾아냈습니다. 그리고 외규장각 의궤를 해석하기 위해 10년이라는 세월을 보냈습니다. 어느 누가 알아주지 않아도 묵묵히 우리 문화재를 되찾기 위해 노력했습니다. 고국에서 외규장각 의궤 반환에 무관심한 학자들을 만났을 때에는 마음이 아팠습니다. 한국 정부가 프랑스와의 외교적인 마찰을 우려해 침묵하고 있을 때는 가슴이 찢어질 듯 안타까웠습니다.

그러나 박병선은 프랑스국립도서관에서 쫓겨나면서까지 외규장각 의궤 반환 운동을 펼쳤습니다. 이런 박병선의 노력에 많은 한국인이 감동을 받고 그 숭고한 뜻에 동참하게 되었습니다. 그 결과 여러 시민운동단체들이 정부에 외규장각 의궤 반환 협상을 건의하여 조금씩 실행에 옮겨졌습니다.

두 번에 걸쳐 한국에서 외규장각을 실제로 조사할 팀이 프랑스 파리로 파견되었습니다. 외규장각 의궤의 존재를 직접 확인하기 위해서였습니다. 박병선은 이들 실사 팀을 따뜻하게 맞이했습니다.

"박사님 덕분에 고국에서는 문화재에 대한 인식이 한층 높아졌습니다."

실사 팀의 관계자는 박병선의 노력과 10여 년 동안의 조선 의궤 연구 성과를 인정하고 격려해 주었습니다.

"아닙니다. 저는 당연한 일을 한 것입니다. 아무쪼록 이번 실사를 통해 외규장각 의궤가 고국에 반환될 수 있도록 최선을 다해 주세요."

"예. 저희도 최선을 다하겠습니다."

박병선은 실사 팀을 프랑스국립도서관으로 안내하면서 프랑스 담당자와의 통역을 맡았습니다. 그리고 실사 기간 내내 외규장각 의궤 반환 협상에 대한 조언을 아끼지 않았습니다.

"프랑스는 문화에 대한 자긍심이 매우 높은 나라입니다. 협상 테이블에 앉기 전에 그들의 문화와 국민 정서를 이해해야 해요."

40년 넘게 파리에 살고 있던 박병선은 프랑스 국민의 문화적 정서를 한국 실사 팀에게 들려주었습니다. 박병선의 이런 조언은 실사 팀에게 큰 도움이 되었습니다.

"박사님의 말씀은 우리 실사 팀의 협상 전략에 질 좋은 자양분이 되었습니다."

"애써 주세요. 그리고 문화재 반환 협상은 무엇보다 두 나라에 모두 도움이 되어야 해요. 어느 한쪽이 자신에게만 유리한 쪽으로 일방적인 주장을 하게 되면 협상은 힘들어질 거예요."

"알았습니다. 박사님. 저희 실사 팀도 프랑스가 무엇을 원하는지 세심하게 조사하겠습니다."

"문화재 반환 협상은 결코 하루아침에 이루어지지 않을 거예요. 오랜 기간 인내를 갖고 최선의 노력을 기울여야 해요."

"명심하겠습니다. 박사님의 말씀을 가슴 깊이 새겨듣겠습니다."

우리 실사 팀은 박병선의 조언을 참고하여 프랑스와 새로운 자세로 협상을 시작했습니다. 그렇게 대한민국 정부가 나서서 외규장각 의궤 협상이 차분하게 진행되었습니다.

시간이 흐르면서 프랑스의 협상 태도도 조금씩 변화를 보이기 시작했습니다. 한국 국민들이 선조의 혼이 담긴 문화재를 얼마나 사랑하는지 깨달았고 문화와 역사에 대한 민족의 자긍심이 대단히 높다는 것을 인정하였습니다.

　세월은 계속 흘러갔습니다. 박병선의 머리는 희끗희끗해지고 체력도 예전 같지 않았습니다. 우리 나이로 환갑을 맞이한 것이 엊그제 같은데 그새 팔순이 넘어섰습니다. 그런데도 아직 고국에서는 희소식이 들려오지 않았습니다.

　'아아, 외규장각 의궤는 언제 고국의 품에 안기는 것인가.'

　박병선은 파리의 하늘을 쳐다보았습니다. 양떼구름 사이로 밝게 빛나는 빛이 마치 외규장각 의궤를 감싸고 있는 그 푸른 빛 같았습니다.

　'그래, 희망을 버리지 말자.'

도서가 반환될 때까지 절대 쓰러질 수 없어

    2009년 9월, 박병선은 청주시의 초청으로 고국을 방문했습니다. 청주 국제비엔날레와 '직지축제'를 관람하기 위해서였습니다. 고국의 가을 하늘은 맑고 쾌청했습니다. 청주로 내려오는 동안 시원한 가을바람이 내내 옷깃을 적셨습니다.

    충청북도 청주시는 박병선과 오랜 인연을 맺은 곳입니다.《직지》를 처음 만든 곳이 청주시 흥덕사입니다.《직지》의 고장 청주시에서는 박병선의 노고를 기리기 위해 1999년 4월 '청주시 명예시민증'을 수여하였고, 정부에서는 1999년 9월 '은관문화훈장'을 수여했습니다. 그리고 1992년에 설립된 청주 고인쇄 박물관 안에 '박병선실'을 운영하며 박병선의 공적을 기리고 있습니다.

"어서 오십시오. 박사님."

청주 고인쇄 박물관장이 박병선을 반갑게 맞이했습니다.

"안녕하세요. 관장님."

박병선은 박물관에 올 때마다 아주 좋은 인상을 받았습니다. 《직지》가 세계에서 가장 오래된 금속활자 책임을 밝혀낸 것을 기념하여 세운 곳이 청주 고인쇄 박물관입니다. 이곳에 마련되어 있는 인쇄 역사관에서는 우리 선조의 뛰어난 인쇄술을 보고 느낄 수 있습니다.

"직지축제가 한창이라서 그런지 사람이 꽤 많네요."

박병선이 박물관에 모여든 사람을 보며 말했습니다. 해마다 이맘때쯤이면 많은 사람이 박물관을 관람하러 왔습니다. 어린 꼬마에서부터 나이가 지긋한 노인까지 다양한 인파가 몰렸습니다. 유모차를 끌고 나온 신혼부부의 모습도 보였습니다.

"이게 다 박병선 박사님 덕분입니다. 박사님께서 《직지》를 찾아내고 금속활자 책이라는 것을 밝혀냈으니까요."

"저는 단지 국민의 한 사람으로 해야 할 일을 했을 뿐인 걸요."

박병선은 겸손하게 말했습니다. 그러고 보니 어느새 《직지》와 인연을 맺은 지 42년이라는 세월이 흘렀습니다. 《직지》가 금속활자 인쇄본이라는 것을 증명하려다가 화재가 나서 집을 태울 뻔한 일도 지금 생각하면 절로 웃음이 나오는 추억이 됐습니다.

"박사님, 곧 '직지축제'가 시작되니 박물관 쪽으로 가 볼까요?"

"예, 그러죠."

박병선은 박물관을 물끄러미 바라보았습니다. 청주에 내려온 후에도 박병선의 얼굴에는 아쉬움이 진하게 남아 있었습니다.

'외규장각 의궤가 고국으로 돌아오면 얼마나 좋을까.'

고국 땅을 밟으니 머나먼 프랑스국립도서관에 있는 외규장각 의궤가 더욱더 생각났습니다.

그런데 '직지축제' 참관 도중 박병선은 갑작스런 복통이 났고, 근처 청주 성모병원에 가게 되었습니다. 단순한 배탈인 줄 알았는데 진단 결과, 직장암 4기임이 밝혀졌습니다. 전혀 예상치 못한 일이었습니다.

'나에겐 아직 할 일이 남아 있는데, 하느님이 벌써 나를 데려가려고 하는구나.'

우리 문화재를 찾는 데 에너지와 시간을 쏟다 보니 어느새 여든이 넘은 나이가 되었고 기력도 쇠약해졌습니다.

"남은 생명이 얼마나 될까요?"

병실에 누워 있던 박병선은 의사 선생님에게 물었습니다.

"너무 염려하지 마십시오. 일단 수술이 잘되어야 합니다."

문득 과거 고국을 떠나기 전, 결핵성 뇌막염으로 오래도록 고생하던 때가 떠올랐습니다. 그때 의사들은 박병선의 목숨이 6개월밖에 남지 않았다고 했습니다. 그러나 박병선은 기적적으로 완쾌되었고, 파리로 유학을 떠날 수 있었습니다.

'외규장각 의궤가 고국에 돌아오는 것을 보고 눈을 감아야 할 텐데…….'

박병선은 자나 깨나 외규장각 의궤 생각뿐이었습니다. 수술실에 들어서기 전에도 예외는 아니었습니다.

수술은 꽤 오랫동안 이어졌습니다. 3시간 정도 예상했던 수술이, 그 두 배가 넘는 7시간이 걸렸습니다. 수술이 끝나고 박병선은 다시 병실로 돌아왔습니다.

"의사 선생님, 수술 결과는 어떤가요?"

이제 막 의식에서 깨어난 박병선이 물었습니다.

"연세가 있으셔서 걱정했는데, 다행히 경과가 아주 좋습니다. 병실에서 몇 개월 정도 요양하시면 예전처럼 기운을 회복하실 수 있을 겁니다."

담당 의사가 빙그레 웃으면서 말했습니다. 박병선은 조용히 눈을 감고 기도를 올렸습니다.

"하느님, 감사합니다. 다시 연구를 할 수 있는 시간을 주셔서……."

박병선은 서서히 건강을 회복했습니다. 의사도 놀랄 정도로 빠른 회복 속도였습니다. 그 어떠한 병마도 박병선의 열정을 막을 수는 없었던 것입니다.

박병선이 암 투병을 한다는 소식이 전해지자, 병원에는 많은 사람이 문병을 와서 쾌유를 기원했습니다. 다섯 살 난 어린아이부터 국회의원, 조계사 주지 스님까지 박병선의 병실을 방문하였습니다.

"박사님, 꼭 다시 일어서야 합니다."

"고맙습니다."

"어서 완쾌되어 외규장각 의궤가 고국 품에 안기는 것을 봐야죠."

또한 박병선의 병원비를 마련하고자 각계각층에서 모금 운동을 활발히 펼쳤습니다. 이런 소식을 전해들은 박병선의 눈에서 뜨거운 눈물이 흘러내렸습니다.

'고국에서 나라는 사람을 잊지 않았구나.'

박병선은 다시 기력을 되찾았고, 곧 퇴원 수속을 밟았습니다. 언제까지나 고국에 머물러 있을 수는 없었기 때문입니다. 프랑스 파리에는 아직도 해야 할 일이 남아 있었습니다.

"박사님, 정말 축하합니다."

의료진과 병원 관계자들이 박병선의 퇴원을 축하해 주었습니다.

"아닙니다. 이는 결코 저 혼자 병을 이겨 낸 것이 아니에요. 여러분들의 기도와 성원 덕분에 병이 나을 수 있었던 거죠. 진심으로 감사드립니다."

박병선은 고국 사람들의 따뜻한 배웅을 받으며 다시 파리로 향했습니다.

145년 만의 귀환! 외규장각 의궤

    2010년 9월 우리나라 서울에서 G20 정상회의가 열렸습니다. G20이란 선진 7개국(G7)과 유럽연합(EU) 의장국 그리고 신흥 시장 12개국 등 세계 주요 20개국을 회원으로 하는 국제기구입니다.

    G20 도중 우리나라의 이명박 대통령과 프랑스의 사르코지 대통령과의 정상회담이 열렸습니다. 이날 한국과 프랑스 정상은 '외규장각 의궤 반환'에 대한 이야기도 나누었습니다. 프랑스 대통령은 한국과 외교관계를 발전시키려면 외규장각 의궤 문제를 해결해야 한다고 생각했습니다. 그래서 외규장각 의궤를 빌려주는 방식이지만 한국에 돌려주기로 합의했습니다. 프랑스 대통령은 정상회담에서 다음과 같이 밝혔습니다.

"한국과 프랑스 두 나라 간에 남아 있던 어려운 문제를 해결하려고 합니다. 외규장각 의궤는 프랑스 법에 따라 5년마다 새롭게 기간을 연장하는 방식으로 한국에 돌려주겠습니다."

박병선은 외규장각 의궤 반환 협상 소식을 파리에서 전해 들었습니다. 그러나 여전히 마음이 놓이지 않았습니다. 왜냐하면 1993년에도 프랑스 미테랑 대통령이 외규장각 의궤를 반환하겠다고 약속했지만, 그 약속이 지켜지지 않았기 때문입니다.

'이번에는 약속이 지켜져야 할 텐데…….'

2011년 4월 어느 날이었습니다.

"계십니까?"

한 한국인 기자가 파리 외곽에 있는 박병선 집에 찾아왔습니다. 그러나 집 안에는 아무런 기척이 없었습니다.

"박사님, 안 계세요?"

기자는 다시 한 번 문을 두드리며 박병선을 불렀지만, 여전히 대답이 없었습니다. 기자는 조심스럽게 문고리를 잡았습니다. 마침 문이 열려 있어서 집 안으로 들어갔습니다. 거실 안에서 홀로 TV를 보고 있는 박병선의 모습이 보였습니다.

"박사님!"

기자는 넋을 잃고 앉아 있는 박병선을 불렀습니다. 그제야 기자가 온 것을 알아차리고 자리에서 일어나며 말했습니다.

"아, 어서 오세요."

정신없이 TV를 보느라 기자가 온 것도 모르고 있었던 겁니다. TV에서는 외규장각 의궤를 실은 커다란 나무 박스가 인천국제공항에 내려지는 장면이 방송되고 있었습니다.

박병선의 뺨에는 눈물이 흐르고 있었습니다. 145년 만에 고국의 품에 돌아오는 외규장각 의궤를 보니 감격의 눈물이 주체할 수 없이 흘렀습니다.

박병선은 눈물을 훔치면서 기자에게 자리에 앉을 것을 권했습니다. 기자는 자리에 앉으며 감격에 겨운 목소리로 말했습니다.

"이미 알고 계셨군요. 저는 외규장각 의궤가 고국에 반환된다는 기쁜 소식을 전하러 왔습니다."

"고마워요. 이렇게 신경 써 주셔서."

"아닙니다. 가장 먼저 알려 드리고 싶었습니다."

박병선과 기자는 거실 소파에 나란히 앉아 외규장각 의궤가 고국에 반환되는 장면을 지켜보았습니다. TV에서는 서울에 있는 방송기자가 외규장각 의궤의 고국 반환 소식을 감격에 겨운 목소리로 전하고 있었습니다.

"145년 만에 고국의 품으로 돌아오는 외규장각 의궤 1차분은 오늘 오후 2시 10분, 아시아나 항공편을 통해 인천공항에 도착하였습니다. 오늘 도착하는 도서는 총 297권 중 75권입니다."

외규장각 의궤는 프랑스 파리에 있는 샤를드골공항 화물터미널을

떠나 인천국제공항에 도착했습니다. 이 도서들은 특수 포장된 유물 상자 5개에 나누어 실렸습니다. 서울에 도착하면 곧 국립중앙박물관 수장고로 들어갈 예정입니다.

"박사님, 드디어 오래도록 고대하던 꿈이 이루어졌습니다."

"그래요. 제 꿈이 이루어지는 데 꼭 33년이 걸렸어요."

박병선은 나직이 말했습니다. 33년은 결코 짧은 시간이 아니었습니다. 그 기간 동안 수많은 일이 벌어졌고, 그때마다 그 중심에는 늘 외규장각 의궤가 있었습니다. 박병선은 외규장각 의궤를 처음 발견했을 때부터 지금까지 오로지 이 책이 고국의 품에 안기기만을 기다렸고, 이제 비로소 그 꿈이 이루어졌습니다.

마지막까지 꿈꾸기를 멈추지 않은 박병선

　박병선은 파리의 젖줄인 센강을 따라 거닐었습니다. 센강의 물결은 눈이 따가울 정도로 푸르렀습니다.

　박병선은 마음이 평화로울 때면 늘 센 강변을 산책했습니다. 강변에는 파리 시민들이 삼삼오오 모여 담소를 나누고 있었습니다. 저 멀리서 공을 차는 아이들도 보였습니다.

　박병선 앞으로 축구공이 데굴데굴 굴러왔습니다. 박병선은 공을 주워 아이들에게 던져 주었습니다.

　"고맙습니다. 할머니."

　이제 열 살 정도 되었을까. 파란 눈을 가진 아이는 밝게 인사하고는 공을 차는 곳으로 뛰어갔습니다. 박병선은 환한 미소를 지으며 그 아이의 뒷모습을 유심히 바라보았습니다.

세계 어디를 가든 어린아이들의 눈망울은 맑고 순수합니다. 어린 시절 뛰놀던 동산에 누워 하늘을 바라보며 넓은 세상을 꿈꾸던 때가 생각났습니다.

"우리 역사를 잘 알아야 큰 인물이 될 수 있단다."

오늘은 유독 무릎 위에 앉혀 놓고 우리나라 역사 이야기를 들려주던 외할아버지도 생각났습니다. 뇌막염에 걸렸을 때 밤낮없이 기도해 주셨던 부모님도 간절히 생각났습니다.

유유히 흐르는 센강 위로 어린 시절의 추억이 두둥실 떠올랐습니다. 꿈 많은 소녀였던 시절이 있었습니다. 역사책을 유난히 좋아하고, 프랑스 파리를 동경하던 아이가 있었습니다. 원대한 꿈을 가지고 파리에 도착했을 때만 해도 우리 문화재와 이렇게 깊은 인연을 맺으리라고는 생각하지 못했습니다. 지금 와서 생각해 보니 프랑스 국립도서관에 근무하게 된 것도 운명 같습니다. 그곳에서 우리 역사의 귀중한 문화재를 발견하게 되었으니 말입니다.

'고국을 떠나기 전에 죽을 고비를 넘긴 것도 어쩌면 우리 문화재를 찾으라는 하느님의 계시가 아니었을까.'

박병선은 《직지》와 외규장각 의궤에 묻혀 평생을 살았습니다. 우리 문화재는 독신이었던 박병선에게 사랑하는 연인이었고, 소중한 가족이었습니다. 때로는 고달프고 힘에 겨운 날도 있었습니다. 《직지》나 외규장각 의궤를 앞에 두고 포기하려고 했던 적도 있었습니다. 그러나 차마 우리의 귀중한 문화재를 외면할 수 없었습니다. 33년의 노력 끝에, 외규장각 의궤는 145년 만에 고국의 품으로 돌아갔습니다.

고국을 떠나온 지 어언 55년이 흘렀지만 단 한 번도 고국을 생각하지 않은 적이 없었습니다.

박병선의 건강은 예전 같지 않았지만 의지는 더 강해졌습니다. 《외규장각 의궤》 집필을 하며 하루하루 시간을 보냈습니다. 마음은 급한데 몸이 따라 주질 않아 괴로웠지만 집필에 열중했습니다.

2011년 가을, 박병선은 파리 외곽의 한 병원에 요양하게 되었습니다. 영구 귀국은 힘들 정도로 쇠약해진 상태였습니다.

'이렇게 누워 있을 때가 아닌데……. 아직 하고 싶은 일이 남았는데…….'

박병선에게는 또 하나의 소망이 있었습니다. 바로 파리에 독립기념관을 세우는 것이었습니다. 파리는 우리나라가 해방되기 전, 김규식 박사를 비롯해 여러 독립운동가가 머문 곳입니다. 그들은 프랑스어 한마디 못했어도 대한민국의 주권을 되찾기 위해 잡지, 신문, 팸플릿 등을 발행하고 각종 회의에 참석하며 정열을 쏟았습니다. 프랑스뿐 아니라 영국, 이탈리아, 독일에도 일본의 만행을 알리려 노력했습니다.

'파리에 한국 독립기념관을 세워 후손들에게 그분들의 정신을 전해주고 싶어.'

기력을 다한 몸으로 병원에 누워서도 박병선은 꿈을 품고 있었습니다. 들판에 누워 더 넓은 세상을 꿈꾸던 그 소녀는 여전히 마음속에 살아있었던 것입니다.

2011년 11월 23일 맑은 초겨울 아침, 프랑스 파리에서 박병선 박사는 조용히 눈을 감았습니다.

 유네스코 세계기록유산 《직지》

　세계기록유산은 유네스코가 고문서 등 전 세계의 귀중한 기록물을 보존하고 활용하기 위해 선정하는 인류문화의 귀중한 자료입니다. 1997년부터 2년마다 국제자문위원회가 정기총회를 개최하여 선정 대상을 결정합니다. 유네스코 국제자문위원회는 사서, 법률 전문가, 교육학자, 저술가, 문서관리 전문가 등 30여 명으로 구성되어 있습니다. 세계기록유산으로 선정되면 보존 관리를 위해 유네스코의 보조금 및 기술적 지원을 받게 됩니다. 세계기록유산의 등록기준은 다음과 같습니다.

❶ 한 국가를 초월하여 세계사와 세계문화에 중요한 영향을 준 자료

❷ 역사적 중요 시기를 이해하는 데 중요하거나 그 시기를 특별한 방법으로 반영하는 자료

❸ 세계사 또는 세계문화 발전에 기여한 인물이나 지역에 대한 정보를 지닌 자료

❹ 뛰어난 미적 양식 및 사회적·문화적 또는 정신적 가치를 가지는 자료

1997년 국보 제70호인 훈민정음과 제151호인 조선왕조실록 2건이 세계기록유산으로 선정되었습니다. 2001년에는 국보 제303호인 승정원일기와 현존하는 세계 최초 금속활자본인《직지(불조직지심체요절)》가 등재되었습니다.《직지》가 등재된 이후 세계 기록유산 보호에 공헌하고자 유네스코와 우리 정부가 2004년 '유네스코 직지 세계기록유산상'을 제정하였습니다. 2007년에는 조선왕조 의궤와 고려대장경판 및 제경판이 기록유산으로 지정되었습니다. 1613년 허준이 간행에 직접 관여한 초판 완질본인《동의보감》도 2009년에 세계기록유산으로 등재되었습니다. 2011년에는 18세기에서 20세기의 동서양 간 문화교류와 시대 흐름을 담고 있는《일성록》이 세계기록유산으로 등재되었습니다.

금속활자의 의미

　인쇄술은 인류가 정확한 정보를 전달하기 위해 발명한 것으로, 인류문화발전에 큰 공헌을 했습니다. 인쇄술이 발명되기 전에 인류는 책을 베끼는 방법으로 정보를 전달했습니다. 그러나 책을 베끼는 방

  법에는 틀린 글자나 빠지는 글자 등의 많은 단점이 있었습니다. 따라서 지식과 문화 수준이 점차 발달하고 수요가 많아지면서 인쇄술이 필요해졌습니다.

  인쇄술은 처음 목판 인쇄술에서 시작되었습니다. 그러나 책판을 만드는 비용과 시간이 많이 들고 한 종류의 책만 펴낼 수 있는 결점이 있었습니다. 그 결과 새로 생각한 것이 활자인쇄술이었습니다. 활자는 활판인쇄에 사용하기 위해 나무나 금속 등에 문자, 숫자, 기타 기호 등을 한 자씩 조각 또는 주조해서 만드는 것입니다.

  활자인쇄술은 목판인쇄술에 비해 활자나 활자판의 제작에 드는 재료, 수공, 시간과 비용 등이 절약되고 생산이 빨라 인쇄기술을 발전시켰습니다. 또한 한 벌의 활자를 만들면 오래 간직하고 필요한 책을 수시로 찍어낼 수 있었기 때문에 인쇄비용이 목판인쇄에 비해 적게 들고 일하는 시간이 줄어들었습니다. 금속활자는 목판 인쇄보다 편리하고 경제적이며 교정을 쉽게 할 수 있는 장점이 있습니다.

- 청주 고인쇄 박물관 홈페이지

 구텐베르크의 금속활자 인쇄본 《42행 성서》

　구텐베르크의 성서는 1452년에 시작하여 1455년에 완성되었습니다. 이 성서는 한 페이지가 2단 42줄로 이루어져 《42행 성서》라고 부릅니다. 구텐베르크는 이 성서를 인쇄하기 위해 290개의 다른 활자를 만들었으며, 활자 조판을 위해 10만 개의 활자를 주조했습니다. 구텐베르크의 금속활자는 납, 주석 등의 합금으로 이루어졌는데, 녹여낸 합금을 정교하게 제작된 활자 몰드(주형)에 부어서 만들었습니다.

　《42행 성서》는 모두 180부를 인쇄하였으나, 현재까지 전하는 것은 양피지에 인쇄한 것이 12부, 종이에 인쇄한 것이 36부가 남아 있습니다.

　구텐베르크의 인쇄술은 그의 견습공들에 의해 1464년에 로마로 전파되었고, 1500년까지 유럽 260개 도시에서 인쇄가 진행될 정도로 급속하게 전파되었습니다. 1500년 당시 성서를 비롯한 종교 서적, 그리스·로마의 고전, 콜럼버스의 신대륙 발견 보고서 등 수십만 부의 책이 인쇄되었고, 유럽 바깥으로 전해진 활판 인쇄술은 1539년 멕시코, 1556년 인도, 1584년 페루, 1602년 필리핀, 1639년

미국, 1640년에 이란까지 전파되었습니다.

  이같은 구텐베르크의 인쇄술은 르네상스와 종교개혁에 큰 영향을 끼쳤습니다. 또한, 그 이전까지 소수지배계급의 전유물이었던 책이 지식에서 소외되었던 대중 속에 급속히 전파되는 계기를 만들었으며, 역사발전에도 큰 영향을 미쳤습니다.

 지난 1천 년간 인류에게 영향을 끼친 최대 사건

1999년 미국의 유명 시사 잡지인 〈라이프〉는 지난 1천 년 동안 있었던 사건 가운데 인류에게 가장 큰 영향력을 끼친 100대 사건을 조사했습니다. 이때 1위를 한 사건이 무엇일까요? 석유의 발견도 아니고 진화론도 아니고, 에디슨 전구 발명, 컴퓨터의 개발도 아니었습니다. 바로 구텐베르크의 성경 인쇄가 1위로 선정되었습니다. 즉, 금속활자의 보급을 통해 시민들의 의식이 향상되었고, 근대 시민사회로 전환되었기 때문에 100대 사건 중 1위로 선정된 것이라고 볼 수 있습니다.

책은 인류가 지닌 지식이나 지혜를 순식간에 공유할 수 있게 해줍니다. 책은 인쇄되자마자 도처로 전달될 수 있으니 새로운 지식이나 기술이 나오면 전 인류가 빠른 시간 내에 공유할 수 있게 됩니다.

이렇듯 금속활자의 발명은 인류사에서 대단한 위치를 차지하고 있습니다. 그런 활자를 우리나라가 세계 최초로 발명한 것이라는 데 자부심을 가져도 될 것 같습니다.

▲ 직지를 인쇄한 금속활자판인 《직지》 하인판
(사진 협찬 : 청주 고인쇄 박물관)

 정조와 외규장각

정조는 조선의 국왕들 가운데 세종과 함께 훌륭한 업적을 가장 많이 남긴 군주로 평가되고 있습니다. 25세의 젊은 나이로 왕위에 오른 정조는 창덕궁 후원에 규장각을 설립했습니다. 규장각은 새로운 정책

을 연구 개발하는 학술 기구로, 8만여 권의 서적을 수장하고 148종의 저술과 편찬 사업을 주관하였습니다. 정조는 즉위 5년(1781년) 강화도 행궁지에 외규장각을 설치했습니다. 규장각의 부속 기구인 외규장각은 규장각 도서들 가운데 왕실의 주요 물품과 도서를 따로 보관하는 외곽 서고로서의 기능을 가지고 있었습니다. 이는 영원히 보존할 가치가 있는 것들을 보다 안전하게 보관하기 위해서였습니다.

외규장각을 강화도에 설치한 이유

강화도는 서울에서 약 60Km 떨어진 거리에 있는 섬입니다. 사방이 갯벌로 둘러싸이고, 육지와 떨어진 곳은 물살이 빨라 접근이 어려운 천연의 요새였습니다. 이런 지형적인 이유 때문에 1230년대에 몽고군이 고려에 침략해 왔을 때 고려 조정은 강화도로 들어가 수십 년을 버텼습니다. 또한 1630년대 여진족의 침략을 받은 조선 정부는 이곳의 방어 시설을 강화하여 유사시에 대비하는 정책을 폈습니다.

18세기에 들어와서도 조선의 국왕들은 도성의 외곽을 방어하는 전진 기지로서 강화도의 기능을 중시하고 이곳에 행궁을 두고 대폭 수리하고 중축하였습니다. 정조는 이처럼 국방상 요지인 강화도에 영구히 보존할 가치가 있는 서적을 보관하기 위해 강화도에 외규장각을 설치한 것입니다.

 책의 나라, 대한민국

우리나라는 책에 대해서는 최고의 나라입니다. 세계에서 가장 오래된 목판인쇄본《무구정광대다라니경》, 세계 최초의 금속활자본《직지》, 세계문화유산이자 동시에 세계기록문화유산이기도 한 해인사 팔만대장경 등을 보유하고 있습니다. 우리나라는 현재 세계기록문화유산을 7점이나 보유하고 있습니다. 동양에서 1위이고 세계에서 3위입니다. 이는 우리 민족이 책을 사랑하는 우수한 문화 민족임을 증명하는 것입니다. 특히 인류 문명의 3대 발명품 중 하나인 금속활자를 우리 민족이 최초로 발명해 사용했다는 것은 세계문화사에 큰 발자취로 남아 있습니다.

 의궤의 뜻

의궤란 '의례 혹은 의식의 궤범'이 되는 책이라는 뜻입니다. 즉 국가에서 중요한 행사가 있을 때 주요 의례 절차, 내용 등을 기록과 그림으로 남긴 보고서 형식의 책입니다.

의궤를 만드는 목적은 국가의 주요 행사에 대한 모범적인 전례를 만들기 위해서입니다. 국장과 같은 예기치 못한 국가 중대사를 당했을 때 원활하게 행사를 치를 수 있도록 하기 위한 목적도 있습니다. 의궤에는 국가의 각종 제사, 왕의 초상화 제작, 왕실의 혼인, 왕세자·왕비 등의 책봉, 궁중 잔치, 국왕 행차, 실록 편찬 등 주요한 국가 및 왕실 행사 전반이 기록되어 있습니다. 또한 의례 및 준비 과정을 날짜에 따라 각종 공문서, 업무 분담, 담당자 명단, 동원된 인원과 소요된 물품, 경비 지출, 유공자 포상 등에 관한 내용을 상세한 그림과 함께 기록했습니다.

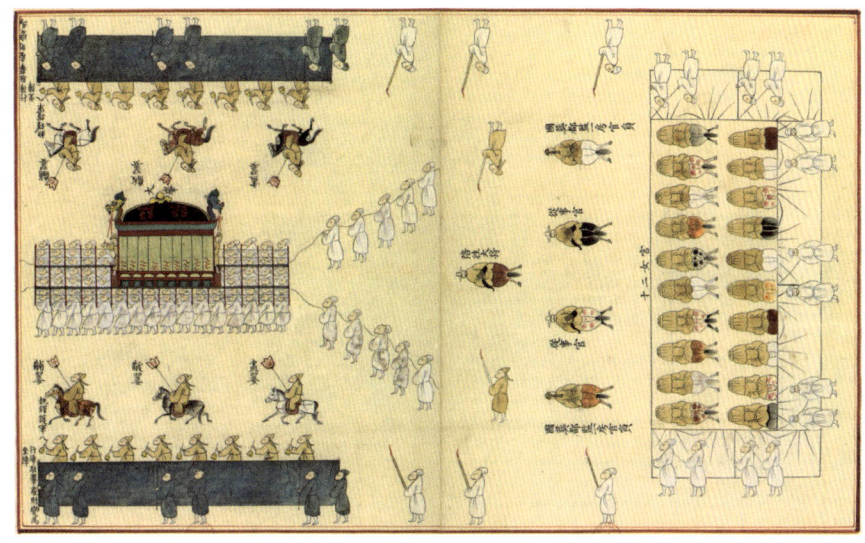

▲ 조선 인조의 계비였던 장렬왕후의 발인을 묘사한 인조장렬후국장도감도청의궤 상 반차도 (사진 협찬 : 청주 고인쇄 박물관)

 # 해외로 유출된 우리 문화재

　해외로 유출된 우리 문화재는 총 10만 7,857점에 이릅니다. 이 중 절반이 넘는 약 6만 1,409점이 일본에 있습니다. 그 다음 미국이 3만 8,000여 점, 독일 1만여 점, 중국 8,000여 점 순입니다. 1945년 해방 이후 국내에 다시 돌아온 문화재는 8,000여 점에 지나지 않습니다.

　특히 일본에는 조선왕실 의궤와 몽유도원도를 비롯한 주요 우리 문화재가 다수 있습니다. 도쿄 국립박물관에 '오쿠라 컬렉션' 1,856점을 비롯한 6,751점, 국회도서관 6,748점, 교토의 오타니대학 5,605점 등 일본 전역의 국공립 시설(57곳)과 사찰(145곳)에 우리 문화재가 소장되어 있습니다. 일본인들이 개인적으로 가지고 있는 것까지 합하면 일본에 있는 우리 문화재는 30만 점이 넘습니다. 이 중 대부분이 일제 강점기를 비롯해 일본이 우리나라를 침략하던 시기에 강압적이고 불법적인 방법으로 수집·반출된 것입니다.

　일본에 이어 우리 문화재를 많이 소장한 국가는 미국입니다. 특히 828종 1,065점을 갖고 있는 보스턴박물관에는 11, 12세기 〈청자양각운룡문매병〉과 〈은제주전자〉, 13세기의 〈나전국당초문경함〉 등이 있습니다. 이 문화재는 색조, 문양, 기형과 그 제작 방법 모두 뛰어나 국보급에 해당됩니다.

어린이 도서 목록

박지성의 열정, 도전, 전설이 된 축구 이야기

도영인 지음 | 허한우 그림 | 크라운판 변형 | 164쪽 | 14,000원

불리한 신체조건을 극복하고 한국 축구 전설이 된 박지성 이야기. 태극전사 11년, 일본 교토상가FC, 네덜란드 PSV아인트호벤, 영국 맨체스터 유나이티드FC에서의 활약상을 만날 수 있어요.

이세돌, 비금도 섬 소년 바둑 천재기사

● 으뜸책 선정도서

조영경 지음 | 이정현 그림 | 크라운판 변형 | 120쪽 | 13,000원

2016년 3월. 인공지능 컴퓨터 알파고(AlphaGo)와 이세돌의 바둑 대국에서 알파고는 4승 1패로 인간 이세돌을 이겼습니다. 이 책에서는 인간 이세돌의 값진 1승과 함께 과학의 발전 그리고 이세돌의 집념과 천재성을 만나볼 수 있습니다.

법정스님의 아름다운 무소유

● 청와대 어린이신문 푸른누리 추천도서 선정   ● 『좋은 어린이책』 선정

곽영미 지음 | 최주아 그림 | 신국판 변형 | 212쪽 | 11,000원

많이 갖는 것이 행복한 것이 아니라 베푸는 것이 행복한 것이라고 실천을 통해 가르쳐 주신 법정 스님 이야기. 무소유, 나눔, 배움, 실천 등 마음을 비우고 베푸는 즐거움을 느껴보세요.

창의력 CEO 송승환의 멈추지 않는 상상력

송승환 지음 | 양민숙 그림 | 크라운판 변형 | 160쪽 | 13,000원

〈난타〉공연으로 세계적인 명성을 얻고, 평창올림픽 개폐회식 총감독까지 맡은 송승환의 창의력에 대한 이야기를 담고 있어요. 책벌레로 자란 어린 시절부터 배우와 공연연출가로 자신의 꿈을 이루어 간 이야기들을 들려줍니다.

스티브 잡스가 살아서 자동차를 만들었다면

황연희 지음 | 허한우 그림 | 신국판 변형 | 164쪽 | 12,000원

애플, 매킨토시, 아이폰, 아이패드 등으로 21세기 문화생활을 획기적으로 변화시킨 위대한 혁신가 스티브 잡스의 모든 것을 알려줍니다. 뛰어난 혁신가의 이야기 속에서 어린이 여러분이 앞으로 무엇을 배워 나갈지 발견할 것입니다.

록펠러, 나눔을 실천한 최고의 부자

엄광용 지음 | 김정진 그림 | 신국판 변형 | 152쪽 | 12,000원

석유 사업으로 세계 최고의 부자가 된 록펠러. 그러나 갑자기 시한부 생명을 선고받은 그를 구원해 준 것은 이웃에 대한 사랑, 나눔의 실천이었습니다. 록펠러 아저씨가 남긴 유산은 지금도 좋은 일에 사용된답니다.

강영우, 세상을 밝힌 한국최초 맹인 박사

성지영 지음 | 이정헌 그림 | 신국판 변형 | 136쪽 | 12,000원

가족들을 차례로 하늘나라로 떠나보낸 소년. 이 소년은 설상가상으로 눈까지 멀고 맙니다. 하지만 이 소년은 한국 최초의 맹인 박사는 물론 백악관 공무원까지 되었답니다.

박영석, 세계의 지붕이 된 산사나이

이영준 지음 | 임하라 그림 | 신국판 변형 | 144쪽 | 12,000원

남극과 북극 그리고 지구에서 가장 높은 산까지. 인간의 손이 닿지 않은 어떠한 곳도 두 발로 걸어간 박영석 탐험대장 이야기가 어린이들의 용기와 모험심을 키워줍니다.

메시, 축구 역사를 새로 쓰는 작은 거인

황연희 지음 | 이정헌 그림 | 신국판 변형 | 152쪽 | 12,000원

축구를 정말로 사랑하는 소년. 키가 자라지 않는 장애도 그 소년을 막을 수 없었습니다. 오로지 축구 하나만을 바라보고 아르헨티나에서 스페인으로 건너온 소년 메시가 이제 축구의 역사를 새로 쓰고 있습니다.

박찬호의 끝나지 않은 도전

임진국 지음 | 허한우 그림 | 신국판 변형 | 168쪽 | 12,000원

박찬호 선수는 메이저리거가 단 한 명도 없던 대한민국에서 최초로 미국 야구장에 우뚝 서겠다는 꿈을 꾸었습니다. 여러분도 무엇인가를 이루고 싶다면, 박찬호 선수처럼 긍정적으로 믿고 노력하세요.

박태환, 0.01초에 승부를 거는 희망의 마린보이

임진국 지음 | 이정헌 그림 | 크라운판 변형 | 152쪽 | 14,000원

세계에서 출발이 가장 빠른 선수 박태환. 그 박태환 선수도 올림픽에서 부정출발로 탈락하는 아픔을 겪었습니다. 움츠러들게 하는 약점과 큰 좌절을 극복하고 올림픽 챔피언이 되기까지의 성장이야기가 고스란히 담겨 있습니다.

이승엽, 기록의 사나이 한국 야구의 전설이 되다

● 으뜸책 선정도서

임진국 지음 | 이승엽 감수 | 허한우 그림 | 신국판 변형 | 152쪽 | 14,000원

야구를 좋아하던 장난꾸러기 어린이가 어떻게 아시아 최고의 홈런왕이 되었을까요? 그 비결은 바로 노력입니다. 노력은 결코 배신하지 않는다고 말하는 이승엽 선수의 모습은 어린이들에게 큰 감동을 줄 것입니다.

최경주, 그린 위의 챔피언이 된 완도 섬 소년

유정원 지음 | 허한우 그림 | 신국판 변형 | 132쪽 | 12,000원

골프장이 커다란 닭장인 줄 알았던 한 소년이 자라나서 세계 최고의 골프선수가 됩니다. 그 모든 것을 이룰 수 있었던 것은 자신과 가족에 대한 믿음이었습니다. 초심을 잃지 않은 최경주 선수의 이야기는 감동과 재미를 줄 것입니다.

116년 만의 올림픽 금메달을 딴 골프 여제 박인비

조영경 지음 | 이정헌 그림 | 크라운판 변형 | 120쪽 | 13,000원

박인비는 LPGA US 여자오픈 최연소 우승을 비롯해 LPGA 17승, 아시아인 최초로 LPGA 투어 커리어 그랜드 슬램까지 훌륭한 성적을 거두었지요. 그리고 최연소로 LPGA 투어 명예의 전당에 오르고 올림픽 금메달까지 땄어요.

박세리, 한국 골프의 전설 희망의 맨발 샷을 날리다

성호준 지음 | 이정헌 그림 | 크라운판 변형 | 160쪽 | 14,000원

IMF시절 온 국민에게 희망을 안겨 준 투혼의 상징, LPGA 대회 25승, 세계 골프 명예의 전당 최연소 입성, 한국 골프의 전설이 된 박세리는 어떻게 대선수가 되었을까요? 이 책에서 그 이야기를 감동적으로 만나볼 수 있습니다.

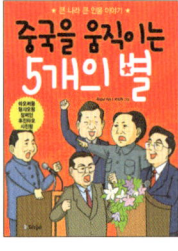

중국을 움직이는 5개의 별
● 으뜸책 선정도서

추정남 지음 | 박승원 그림 | 크라운판 변형 | 160쪽 | 14,000원

현대의 중국을 만들어 온 다섯 명의 지도자 마오쩌둥, 덩샤오핑, 장쩌민, 후진타오, 시진핑을 만나 볼 수 있어요. 5명의 지도자들이 성장해 온 배경과 이야기를 알아가면서 오늘날의 중국을 이해할 수 있는 지혜를 얻을 수 있답니다.

쉿! 곰마를 구해줘요
● 동물사랑실천협회 추천도서 선정

고정욱 지음 | 전지은 그림 | 신국판 변형 | 120쪽 | 11,000원

4학년 철진이와 태수는 곰 농장에서 단란한 곰 가족을 발견합니다. 이 곰 가족을 지키기 위해 좌충우돌 감동의 모험이 펼쳐집니다. 동물에 대한 사랑과 어머니의 모정을 느껴보세요.

철가방을 든 천사

엄광용 지음 | 임하라 그림 | 신국판 변형 | 148쪽 | 11,000원

우리나라에 나눔의 씨앗을 뿌리고 하늘로 올라간 철가방 천사 김우수 아저씨의 이야기가 재미있는 창작동화로 나왔어요. 김우수 아저씨의 아름다운 이야기를 읽으며 모두 진정한 나눔을 배워봐요.

엄마 아빠가 읽었던 지혜 쑥쑥 이솝이야기

성지영 엮음 | 손명자 그림 | 크라운판 변형 | 156쪽 | 13,000원

〈토끼와 거북이〉에서는 누가 경주에 이겼을까요? 포도를 먹지 못한 여우가 등장하는 〈여우와 신 포도〉에는 어떤 교훈이 있을까요? 엄마 아빠가 어렸을 때 읽었던 이솝이야기를 통해 재미와 지혜를 만나 볼 수 있어요.

아름답고 지혜 가득한 이야기 왕국 안데르센 동화

최연희 엮음 | 손명자 그림 | 173×225mm | 186쪽 | 13,000원

안데르센 동화는 행복한 왕자와 공주들의 이야기에서부터 어려움을 당하거나, 가난한 사람들의 이야기까지 다양한 이야기가 들어 있어요. 엄마 아빠와 어린이들이 함께 이야기할 수도 있고, 상상력을 키워줄 수 있어요.

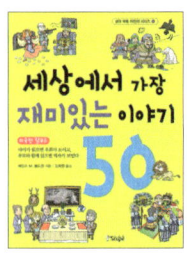

세상에서 가장 재미있는 이야기 50
● 미국판 탈무드 도서

제임스 M. 볼드윈 지음 | 신국판 변형 | 208쪽 | 9,500원

미국 교과서를 만든 볼드윈 선생님이 인류의 역사 속에 등장하는 가장 재미있는 이야기 50개를 모아놓은 책. 오랜 시간 동안 사람들의 가슴을 울리고 웃긴, 마법 같은 힘을 가지고 있는 재미있는 글모음입니다.

세상에서 가장 유명한 인물이야기 50

제임스 M. 볼드윈 지음 | 신국판 변형 | 216쪽 | 9,500원

진짜 꽃을 찾아낸 솔로몬 왕, 선원의 꿈을 포기한 조지 워싱턴, 키 작은 이야기꾼 이솝, 시를 처음 써보는 롱펠로, 페달 보트를 발명한 로버트, 아기 새를 구해준 에이브러햄 링컨. 흥미진진하고 지혜로운 이야기들이 들어 있어요.

난 일기 쓰기가 정말 신나!
● 으뜸책 선정도서

조영경 지음 | 이중복 그림 | 크라운판 변형 | 264쪽 | 15,000원

이 책은 일기 쓰기를 힘들고 어려워하는 어린이들에게 재미있고 신나게 일기를 쓰는 법을 알려줍니다. 네 명의 아이들이 겪은 여러 가지 이야기 뒤에 일기를 써넣어 일상의 경험이 어떻게 일기로 쓰이는지 쉽게 알 수 있습니다.

난 독서록 쓰기가 정말 신나!

조영경 지음 | 이중복 그림 | 크라운판 변형 | 188쪽 | 15,000원

책을 읽고 나서 느꼈던 감동과 생각을 재미있게 정리하는 방법들을 알려주는 책이에요. 줄거리쓰기, 마인드맵 그리기, 말풍선으로 표현하기 등 다양한 표현을 통해 독서록을 써나갈 수 있어요.

괴짜 화가 달리와 함께 하는
아주 쉬운 미술사

은하수 · 이경현 지음 | 이정헌 그림 | 신국판 변형 | 240쪽 | 14,000원

인류는 아주 먼 옛날 처음 지구 위에 등장하던 때부터 미술활동을 해왔다고 할 수 있어요. 미술사는 사람들의 생각과 미술활동이 어떻게 변해왔는지를 살펴보는 분야예요. 이 책은 미술사 공부를 아주 쉽게 할 수 있게 도와준답니다.

학교수업이 즐거워지는 생생 체험학습

● 으뜸책 선정도서

김미정 지음 | 200×256 | 240쪽 | 15,000원

어린이들이 재미있고 자연스럽게 배움의 토대를 쌓고, 호기심과 학습욕구까지 발산할 수 있는 체험학습을 학교수업에 맞게 구체적이고 체계적으로 준비하도록 돕는 책이에요.

지적인 하루를 위한
5분 역사

박상철 지음 | 박승원 그림 | 153×153 | 770쪽 | 17,500원

이순신, 나폴레옹 장군, 뉴턴이나 아인슈타인 같은 과학자들을 비롯해 미켈란젤로나 베토벤 같은 예술가들에서 축구스타, 박지성까지도 역사 속의 주인공으로 만나볼 수 있는 아주 흥미로운 책이에요.

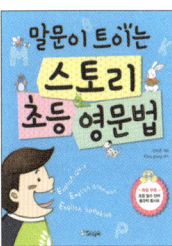

말문이 트이는
스토리 초등 영문법

김지은 지음 | Clara Jeong 감수 | 210×255 | 200쪽 | 16,500원

아이들이 거부감을 느끼지 않고 문법에 입문하도록 도와주는 어린이 영문법 책이에요. 재미있는 스토리를 읽고 퀴즈를 풀다 보면 연상 작용을 통해 머릿속에 그림처럼 영문법이 떠오르도록 구성했습니다.